在这世上，我最欢喜你

朱生豪情书集

朱生豪◎著

江苏凤凰文艺出版社
JIANGSU PHOENIX LITERATURE AND ART PUBLISHING, LTD

图书在版编目（CIP）数据

在这世上，我最欢喜你：朱生豪情书集 / 朱生豪著.
-- 南京：江苏凤凰文艺出版社，2018.8
ISBN 978-7-5594-2647-5

Ⅰ.①在… Ⅱ.①朱… Ⅲ.①朱生豪（1912-1944）
—书信集 Ⅳ.① K825.5

中国版本图书馆 CIP 数据核字（2018）第 173284 号

书　　名	在这世上，我最欢喜你：朱生豪情书集
作　　者	朱生豪
出版统筹	万丽丽
选题策划	天麦开卷
责任编辑	姚　丽
特约编辑	胡宏烨
责任监制	李　响
封面设计	格·创研社
发　　行	江苏凤凰文艺出版社
经　　销	北京有容书邦文化传媒有限公司 010-56421373
出版社地址	南京市中央路 165 号，邮编：210009
出版社网址	http://www.jswenyi.com
印　　刷	北京盛通印刷股份有限公司
开　　本	880×1230 毫米　1/32
印　　张	10.25
字　　数	170 千字
版　　次	2018 年 8 月第 1 版　2018 年 8 月第 1 次印刷
标准书号	ISBN 978-7-5594-2647-5
定　　价	42.00 元

凡例

一、本书收录了朱生豪写给宋清如的151封书信。

二、已对文中明显错字予以订正。为尊重作者的写作风格，对作者特殊的用字习惯、方言用法未作改动。

三、书信原件中有内容缺失的情况。文中将原件中长段文字缺失的内容用“ ”表示，有个别文字模糊看不清的用“□”表示。

目录

卷一

在这世上 我最欢喜你

卷二

爱你 像爱一首诗

目录

卷三

请莫怪我如此爱你

卷四

从未像爱你一样爱过一个人

目录

卷五

祝我夜夜好梦，一个梦里有一个你

卷六

讲讲电影 书籍与文学 想想你

目录

卷七

仍旧希望能和你在一起做梦

卷八

没有比你再好的人了

目录

卷九

把心的每一个角落给你看

卷一

在这世上我最欢喜你

我爱你也许并不为什么理由，
虽然可以有理由，
例如你聪明，
你纯洁，
你可爱，
你是好人等，
但主要的原因大概是
你全然适合我的趣味。

你懂我，我不是顶高兴[1]

宋：

谢谢你给我这么一件好工作！很想拒绝你的，但不愿拒绝你，你太好了。图书馆里借了四本《史通》，两本《中国历史研究法》，本想抄一些话头，可是回来之后，一起把它们看完了，算勉强得到一点烟士披里纯[2]，写好了这一篇狗屁文章。

为什么你说我又要生气，这也算懂得我吗？你懂得我我不是顶高兴？

被人说作浪漫，尤其是被那些伪君子之流，他们说这两字总有一点不甚好的意味，并不算是有趣的事，但实际上你与我都只能说是浪漫的人。我们的性格并不完全一致，但尽有互相共鸣的地方。我们的认识虽是偶然，我们的交契却并非偶然。凭良心说，我不能不承认你在我心目中十分可爱，虽我对于你并不是盲目的赞美。我们需要的是对于彼此弱点的谅解，只有能互相谅解的人，弱点才能变成并不可憎，甚至于反是可爱也说不定。

除非我们在自己心理的矛盾下挣扎着找不到出路，外观的环境未必能给我们的灵魂以任何的桎梏。

说厌恶陈旧是人们普通的思想也未必尽然，这世间多的是沉湎骸骨的人，尤其在我们这老大古国里。我常想，要是中国并没有几千年古文化作基础，她当可以有希望一些。旧的文化，无论怎样有价值，为着免得阻碍新的生长起见，都有一起摧毁的必要。

一万个虔心的祝福！

朱　十四夜

注：① 此信原件上宋清如注：1933年春。这是朱生豪毕业离校前所写的极少信件之一。

② 烟士披里纯：系英文 inspiration 的音译，意思是“灵感”。

希望你幸福，接受我不尽的眷慕

宋：

再过五天是星期日。今天，星期一，中午从厂里出来，就在盼望星期日了。星期日是不会有甚么乐趣的，但希望日子快些过去而已。我真不知道怎样把时间 while away[①]，没有一种方法能使自己快乐。看小说也感沉闷，跑出门，不知走到何处去好。歌旧的已唱腻，新的不上口，写信完全不高兴，朋友一个也不要看，无缘无故，想哭也哭不出，好吃的东西一样也没有。星期日最大的希望是身边有钱，走到外面一个人吃一顿中饭，买一大批书回来，在影戏院有好片子映，整下午葬在里面，因为此外似乎没有可以忘却自己的存在的方法。

心里完全是这样的空虚，不知给你说什么话好。明天也许你有信来，但愿你不要因我而不快，我收回一切的话。希望你幸福，接受我不尽的眷慕。

希特勒　廿一夜

注：① while away：消磨掉。

我眷恋着唯一的你

第一，我不能承认半生不熟即是中庸之道，中庸之道完全是经验，是成熟，懂得中庸之道的，都是处世已达到炉火纯青，熟透了的程度，而半生不熟则是涉世未深者的本色，所谓半生者，仅别于全然的乳臭而言。

其次，中国文化得以保存至今，完全是侥幸，从前未和西洋文化接触，因为一切天然的优势，邻近各民族都成为文化上的附庸，但西方势力一进来之后，不是就显出了岌岌可危的形势了吗？

如果你一定要让，那么我让你去让吧。

来不来要探询别人的意见，岂不无谓！高兴便来，不高兴便不来，何必管别人愿不愿。要是你来了，不是因为你乐意来看我，不过因为我希望你来的缘故，借着感情的关系硬拉人家作一次非本心的探望，有甚么快活呢？

你当然是很好的，否则我怎会爱你？至少你是如此中我的意，使我不再希望有一个比你更好的人。你以为我这话是不是诚实的？我告诉你是的，我眷恋着唯一的你。

我不愿意你来，因为我看见女人很难为情。

我只愿记得你，并且爱你无限

清如：

天一晴，就暖，一阴一雨，就冷。今天又下雨了。然而晴雨终引不起我任何感兴，随便怎么总是一样的。但你的每一封信，给我的喜悦，却也可说是一线阳光的照耀，也可说是一阵甘霖的滋润。即使是深知如你也没法想像你的一句轻轻的话，对于我有何等感激奋发的力量。

人真是感到辛苦得很，巴不得有一个月休息才好。如不是你安慰着我，我真不乐此身，老是这样活下去，在这种寂寞的地方，真不是可以开玩笑的。何况心里的冤屈诉说不尽，我简直不愿想起从前的一切。除了你之外我愿意忘记一切，一切都只是梦而已，只让我相信你是真实，我爱你是无限的。

不要对自己失望，你有很好的天禀，作品的内容是会随生活经验而丰富起来的，至于读书乃是一种助力和修养，我永远期望你比我有出息一些。

想起你在杭州的时候大概不会多了，我为之江恋你。

愿你永远快乐！

朱朱　十日傍晚

你是天使，我是幸福的王子

好友：

我懒得很，坐在椅子里，简直懒得立起身来脱衣裳睡觉。看了几页小说，闭了眼睛出了一下神，又想写信，又有点不大高兴。今天有了钱，也吃到了你的糖，糖因为是你给我吃的，当然格外有味，可是你知道，一个人无论怎样幸福怎样快乐，如果他的喜乐只有自己一人知道，更没有一个可以告诉的人，总是非常寂寞的。如果我有一个母亲或知心的姐妹在一起，我会骄傲而满足地对她说："妈，你瞧，我有一样好东西，一包糖，'她'给我的。"她一定会衷心地参与我的喜乐，虽然在别人看来，一点也不值得大惊小怪的。编辑所里充满了萧条气象，往年公司方面裁员，今年有好几个人自动辞职，人数越减越少，较之我初进去时已少了一大半，实在我也觉得辞了职很爽快，恋着这种饭碗，显得自己的可怜渺小，可是自己实在什么都不会干，向人请托谋事又简直是要了我的命，住在家里当然不是路数。我相信我将来会饿死。

听两个孩子呼名对骂，很有味道，打着学堂里念书的调子彼此唱和，哥哥骂妹妹是泼婆大王，妹妹骂哥哥小赤佬，以及等等。

明天再说。你是天使，我是幸福的王子。

朱　十一

我爱宋清如

我爱宋清如，风流天下闻；红颜不爱酒，秀颊易生氛。

冷雨孤山路，凄风苏小坟；香车安可即，徒此挹清芬。

我爱宋清如，诗名天下闻；无心谈恋爱，埋首写论文。

夜怕贼来又，晓嫌信到频；怜余魂梦阻，旦暮仰孤芬。

我爱宋清如，温柔我独云；三生应存约，一笑忆前盟。

莫道缘逢偶，信知梦有痕；寸心怀夙好，常艺瓣香芬。

右打油诗三首

你是我的良人，也是我的良药

清如：

你知不知道你是个了不得的人？今天我精神疲乏得很，想不要工作了，不工作又无法度日，影戏又没有什么好看，想去重看《野性的呼声》，因为对它我有非常好的印象（不管它把原著改窜到若何程度，单就影片本身说，清新、乐观，没有其他一切文艺电影的堆砌的伟大，又没有一点恶俗的气味，旷野中的生活是描写得够优美的，对白也非常之好，况且还有 Loretta Young ① 的津津欲滴的美貌），可是抬不起脚来。

睡又不肯睡，因为一睡下去，再起来人便真要像生病的样子，夜里一定得失眠，而且莫想再做什么事。于是发了个狠，铺开纸头，揭开墨水瓶的盖，翻开书，工作；可是自己的心又在反叛自己的意志，想出种种的理由来躲避，诸如头痛啦，眼皮重啦，腰酸啦，没有东西吃啦；幸亏我的意志还算聪明，想出一个法子来哄慰我的心，于是开开抽屉，取出你的尊容来，供在桌子上我的面前，果然精神大振，头也不痛啦，眼皮也不重啦，腰也不酸啦，至于没有东西吃也没有什么关系。现在已把 Tempest[2] 第三幕翻好，还剩三分之一的样子，希望在四五天内完全弄好。

总之世上比你再可爱的人是没有了，我永远感谢不尽你待我的种种好处。我希望有一天……不说了。

无数的爱。

朱　二日晚间

不知你有没有回乡下去。

注：① Loretta Young：美国演员，洛丽泰 · 扬。

② Tempest :《暴风雨》，是莎士比亚的最后一部完整的杰作。

你的头脑跟你的心都是那么美丽可爱

亲爱的朋友：

热得很，你有没有被蒸酥了？

怪倦的，可是我想必须要写了这封信。

Tempest 已完工，明天叫他们替钉一钉，便可以寄给你看，但不知你能不能对我的译笔满意。

郑天然给我的两本抄本，我因为自己没用处，昨夜没有事，便把你所有寄给我看的新诗（除了我认为太不好的少数之外）都抄了上去，计得：

竭着一个黄昏一个上午半个下午的时间把它们抄完，好似从头到尾温习了一遍甘美的旧梦。我觉得你确实有诗人的素质，你的头脑跟你的心都是那么美丽可爱。因为不讲究细琢细磨的缘故，你的诗有时显得生硬，显得意象的调炼未臻融和之境，而给人一种不很成熟的感觉，但这无害于你的抒情的优美。不经意而来的好句子，尽可以使低能的苦吟者瞠然失色；你的顶好的几首小诗可以列于我平生读过的最好的诗篇之中。我对于你真只有无限的爱慕，希望你真不要从此萧索下去才好。我曾在抄后又用红墨水把你的各篇诗加以评点，好的诗一圈，很好的诗两圈，非常好的诗三圈；句子有毛病或用得不适当的加竖，佳句加细点，特别出色的佳句加密圈，你要不要看看？

说不完的我爱你。愿你好。

永远是你的

星期日　夜

我永远是你的怀慕者

宋：

你走得这样快，没有机会再看见你一次，很是怏怏，不过这也没有什么。你要不要我向你说些善颂善祷的话？

今天往轮船码头候郑天然，没有碰着，因为他没有告知我确实的时间，赶去时轮船已到，人已走了。也许明天会打电话给我。

抄写的东西我想索性请你负责一些，给我把原稿上文句方面应当改削的地方改削改削，再标点可不必依照原稿，因为我是差不多完全依照原文那样子，那种标点方法和近代英文中的标点并不一样。你肯这样帮我忙，将使我以后不敢偷懒。纸张我寄给你，全文完毕后寄在城里。

希望一切快乐等在你前面。要是我做你的学生，我一定要把别的功课不问不理，专门用功在你的功课上，好让你欢喜我。

多雨而凄凉的天气，心理上感到些空虚的压迫，我真想扑在你的怀里，求你给我一些无言的安慰。

永远是你的怀慕者。

三日

世界是多么荒凉，如果没有你

阿姊：

天冷得很呢，你冷不冷？

做人真是那么苦，又真是那么甜，令人想望任性纵乐的生涯，又令人想望死想望安息。从机械的日程中偷逃出来的两天梦幻的生活，令人不敢相信是真实，我总好像以为你不是真存在于世上，而是一个虚构的人物，我所想像出来以安慰我自己的。世界是多么荒凉，如果没有你。

今天我有点忧郁，我以你的思忆祛去一切不幸的感觉。

祝你一切的好，以我所有对你的虔敬、恋慕、眷爱和珍怜。

爱丽儿　十七夜

在这世上，我最欢喜你

宋：

昨夜我写了一封痴痴颠颠的信，幸亏不寄出，否则你又要骂我。

我知道你很爱我，如果你骗你自己说不爱我，我也无法禁止你。

照相即使你硬要送给我，我也不要了，因为你已送过了别人。你瞧我好像也会喝醋的样子。

关于朋友我向来主张“不交主义”，除非人家要来交我，我决不去交人家。男朋友我也不要，何况女朋友，何况是含有特殊意义的女朋友。除非你忍心要我在不识相的姑娘们前出乖露丑，像一个呆大女婿那样地，你总不好意思劝我交女朋友吧？

你说的“光明坦白”四个字我也不很懂，心中存着光明坦白四个字，已经有些不十分光明坦白，时时刻刻记得这四个字而去交起朋友来，往往会变得充满了做作。友情不是可以用人工方法培植起来的，毫无理由地和一个不相识者交起朋友来，随便你怎样光明坦白也是 awkward[①] 的。你老是说些不通的话，真是可爱得很。

你因为客气而不骂我，不知这算不算得光明坦白？如果朋友有失而不骂，也未免不够交情。只有好朋友的骂才能使人心悦诚服，即使被骂者脸红耳赤，也不致怀恨在心，你为什么不骂我呢？还是我没有被你骂的资格？——我简直要声势汹汹地质问你。

你原来就是笨的，现在并不比从前更笨，可是笨得可爱。

这次你写了一段很好的文字：“日日在怅惘中看着天明，再由白天捱到夜晚。这种不快意的心情，说悲哀似乎太重，说惆怅又嫌太轻，要说这是愁，那我更不知是愁些什么来。”令人咏叹不尽。

不要不待我好，在这世上我最欢喜你。

朱　十九

注：① awkward：笨拙的、拙劣的。

你全然适合我的趣味

哥哥：

读了昨夜我给你的信，不要气我，不要笑我，尤其不要可怜我，今天我清新得很，想不到又下雨了。昨夜梦见弟弟，他成天在床上翻书，好像他不愿意住在学校里，因此回家了；我要每天坐电车上工厂做工，很有精神。我有没有告诉你，我的小的兄弟到福建当大兵去了，很有趣不是？我们做人，就像在一个童话里。昨夜跑出来把信丢在邮筒（油桶，我们从前说的）里，弄堂里看见月亮，一路上充满了工厂里吐出来的煤气，这就是我们的蔷薇花香了。“Sol sol me，re do' la do' fa，la do' sol-me re sol do。”这是他们唱的歌，我不知道是什么歌。我买了一包奶油朱古力。

今天早晨老太婆打碎我一只茶杯，摸出二角几个铜板，费了好一会心思算出来的价钱，硬要赔我，她还不肯拿，很诚朴。要是这时候卓别林[①]摇摇摆摆的进来，一定很有趣。跟他们大人我讲不来话，因为我太小了，跟小人儿又讲不来话，因为我太大了。臭虫报告了春天的消息，昨天在被中发现一个，小小心心用纸儿将它裹了，我碰一碰它就怕，觉得浑身臭虫在爬，恶心死人。愿你笑！

Ariel②

我忘记了我说过甚么话使你感激，愿你不要过分相信我，过分相信一个人会上当的。好坏都随个人判断，没有甚么该不该。你要是能放心我，能随便我向你说什么话，我就快活了。我多半是一个趣味主义者，不是十分讲理的，我爱你也许并不为什么理由，虽然可以有理由，例如你聪明，你纯洁，你可爱，你是好人等，但主要的原因大概是你全然适合我的趣味。因此你仍知道我是自私的，故不用感激我，感激倘反一反很容易变成恨，你愿意恨我吗？即使你愿意恨我，我也不愿意被你恨的。我们永远要好，就是那么一回事，今天下雨自然有下雨的原因，但你能说天什么理由一定要下雨呢？

关于这题目有说不完的话，最好你相信，你应该这样“幸福”，如果这是“幸福”的话。

注：① 卓别林：英国影视演员、导演、编剧。

② Ariel：爱丽儿，莎剧《暴风雨》中的小精灵。

我愿意舍弃一切，以想念你终此一生

昨天上午安乐园冰淇淋上市，可是下午便变成秋天，风吹得怪凉快的。今天上午，简直又变成冬天了。太容易生毛病，愿你保重。

昨夜梦见你、郑天然、郑瑞芬等，像是从前同学时的光景，情形记不清楚，但今天对人生很满意。

我希望你永远待我好，因此我愿意自己努力学好，但如果终于学不好，你会不会原谅我？对自己我是太失望了。

不要愁老之将至，你老了一定很可爱。而且，假如你老了十岁，我当然也同样老了十岁，世界也老了十岁，上帝也老了十岁，一切都是一样。

我愿意舍弃一切，以想念你终此一生。

所有的恋慕。

蚯蚓　九日

即使不爱你也只得爱你了

回答我几个问题：

1. 我与小猫哪个好？

2. 我与宋清如哪个好？

3. 我与一切哪个好？

如果你回答我比小猫比宋清如比一切好，那么我以后将不写信给你。

4. 我要不要认得你？

5. 小猫要不要认得你？

6. 小猫要不要认得我？

说起来很惭愧，昨夜我做梦，梦里我总是英雄而且比醒的时候多情得多，因为英雄自古必多情，醒时不过是阿Q的兄弟阿R，自然只好不多情了，想想看多么好笑。

我不给你信，你就会干死枯死，那么我即使不爱你也只得爱你了，好，后天晚上同你捷克斯拉夫京城里看电影去。

比你更好，即是不好

二姊已经睡得好好的了，小弟刚看卓别林回来，胡闹得有趣。

雁歌暝归霞　楼风惨瘗残　屏墨香尘老　轻灯舞往还
宿酒愁难却　旅尘染鬓寒　临江慵写黛　病却盼花残

素缕委尘白　软绡染水红　春归絮舞苦　花老燕飞慵
千里无情月　尚临别梦明　断魂残酒后　掩泪倚青灯

——拼字集句成四首

这玩意儿是我发明的，即是把一些诗词抄在纸上，然后一个字一个字剪下来，随意把各字拼凑成一些不同的诗句，如上例。很费心思，你一定不耐烦试。然而我待你好。

廿八夜　爱丽儿

我想要是世上有一个人，比你更要好得多，而且比你更爱我，那么我一定会忘了你的。不过那是谎话，如果真有那样一个人，我一定要咒诅那人，因为比你更好，即是不好。而且我为什么要人爱我呢？你倘不待我好我也一样待你好，除了你之外，我不许任何人待我好，但你待不待我好全随你便。

如果我忘了你，你会不会“略为有一点”伤心呢？我知道你一定会说“绝不”，为着这缘故，我更不肯忘了你，因为一个人如被人遗忘了而一点不伤心，这表示那忘记她的人对她会不值一个大①，这是何等的侮辱呢。

莫名其妙的，日常我觉得我很难看，今天却美了一些。

你的鼻子有些笨相，太大一点，你试着照照镜子看，你的眼睛最美，那么清澈而聪明，眉毛的表情也可爱。脸孔的全部轮廓，在沉静和愠怒时最好看，笑起来时，却有些凄惶相。是不是胡说呢？你的手跟你写的字一样太不文雅，不过仍然是女性的，令人怜疼，想要吻吻它们。

廿九　晨

注：①“不值一个大”的讲法，在朱生豪的信中多次出现，是当时口语中的一种习惯说法，“一文不值”的意思。

你不寡情，是我深情

朋友：

今天你也显出你的弱点来了。我还以为你真是“寡情”的，然而寡情的人是应该无爱亦无恨的，那么发狠做什么。

你骂我，我会嬉皮涎脸向你笑；你捶我，虽然鸡肋不足以当尊拳，但你的小拳头估量起来力气也无多，不至于吃不消；你要看我气得呕血，也许我反会快乐得流眼泪。我猜想你一定想念我，否则该已忘了我（已经四五十年不通信了呢，把一天当作三年计算)。我早已对你说过我向你说的是谎话，因此你不该现在才知道。你不要我怜悯，我偏要怜悯你，小宝贝，怎么好让你枯死渴死萎死呢？天那么暖，冰冻死是暂时不会的。

一个人只被人家当作淡烟一样看待，想想看也真乏味得很，我倒愿做一把烈火把你烧死了呢。做人如此无聊，令人不高兴写信。

寄奉图画杂志两本，并内附图画数幅，亦小殷勤之类。你如嫌嘴酸，不要骂我也罢，如嫌手痛，不要捶我也罢，如怕自己心痛，不要看我呕血也罢。

老鼠（因不及小猫故名）

从前、现在、未来，没有比你更好的人[①]

宋：

你把我杀了吧，我越变越不好了。

我想不出你将来会变得怎样，但很知道我自己将来会变得怎样。当我看见一个眼睛似乎很贪馋，走路东张西望，时常踩在人家脚上，嘴里似乎喃喃自语的老头子，我就认识，这就是我。

今天幸亏天气好——不热，有些雨，否则我一定已经死了。最近的将来我一定要生几天病，因为好久不病了。

要是世上只有我们两个人多么好，我一定要把你欺负得哭不出来。

俚词四首（借用张荃女史诗韵）

水面花飘水面舟，猖狂一辈少年游。

宁教飞花随水去，莫令插向老人头。

美人汗与花香融，且敞罗衫纳野风。

春去春来都不管，好酒能驻朱颜红。

恼杀枝头间关禽，恼杀一院春光深。

敲碎一树桃李花，莫教历落乱侬心。

陌上花儿缓缓开，天涯游子迟迟回。

只愁来早去亦早，不如日日盼伊来。

我爱宋清如，因为她是那么好。比她更好的人，古时候没有，以后也不会有，现在绝对再找不到，我甘心被她吃瘪。

我吃力得很，祝你非常好，许我和你偎一偎脸颊。

无赖　星期日

注：① 此信原件上宋清如注：1934 年。

我多欢喜你，肉不肉麻

青女：

从前以为年青人谈精神恋爱是世上最肉麻的一回事，后来才知道人世间肉麻事，大有过于此者。放眼观之，几无一事不肉麻，所谓生命也者，便是上帝在不胜肉麻的一瞬间中创造出来的。人要不怕使人肉麻，才能成为大人物；至少也要耐得住肉麻，才能安然活在世上。否则你从早上起身到晚间睡觉之间的几多小时内，一定会肉麻而死的。展开报纸来，自从国际要闻起直至社会新闻报屁股，无论哪一条都是肉麻的文字。除非你一个人关了房门闭起眼睛天不管，否则便不免要看到一切肉麻的事；然而即使一个人关了房门闭起眼睛天不管了，你也会发觉在你的脑中有许多肉麻的思想。战争在三四月间发动，我私人方面所得的可靠消息也是这样说。我们即使不就此做亡国之遗民，至少总也有希望受到一些在敌人势力下的滋味。

说你是全然的温柔婉约当然有些过分，不过人家所说的浪漫当然也和我所认为的那种浪漫不同。也许别人所斥责的过于浪漫，我仍然会嫌太温柔也说不定。我们的灵魂都是想飞、想浪漫的，但我们仍然局促在地上，像绵羊一样驯服地听从着命运，你说这不算温柔吗？太浪漫的人是无法在这世上立足的，我们尚能不为举世所共弃，即是因为我们是太温柔了的缘故。

有许多话，但是现在一时说不起来。等想想再说吧。

我欢喜你，我欢喜你，我欢喜你，而且我欢喜你。

朱儿　十二

卷二

爱你像爱一首诗

酒面扑春风，
泪眼零秋雨。
过了别离时，
还解相思否？

幸福的日子如此稀少

好人：

录呈一“粲”，不是录呈一“桀”。

新咏数章，很像胡适之白话文学史中的王梵志体。不是好诗，但也过得去。“荡”字写作荡或盪，你老爱这样写。

“你的那篇文章”，如果你不对我说，我一定绝对不想看它；你既然对我说了，我便想看它；你如不许我看，我便非看不可。

上次来信中“因为我不喜欢听消极的话，允许我以后不把颓丧的话说给我好不好？”这句句子应当进文章病院。

一个月以前的明天的此时，我们冒着雨在马路上。幸福的日子是如此稀少！

寄给你全宇宙的爱和自太古至永劫的思念。

Lucifer[1]　四日

注：① Lucifer：魔鬼、撒旦。

带着高兴的调子盼望你[1]

好友：

快放假了是不是，我从今天起开始盼望见你，带着很高兴的调子。我太没有野心，也许就是这一点不好，觉得仿佛只要看见你五分钟，就可得到若干程度的满足的样子。对于见面我看得较重，对于分别我看得较轻，这是人生取巧之一法，否则聚少离多，悲哀多于欢乐，一生只好负着无尽痛苦的债了。

我愿你好，热情地热情地。

不说谎的约翰　九日下午

注：① 此信写于 1934 年 2 月 9 日。

我爱你像爱一首诗一样

澄：

带着一半绝望的心，回来吃饭，谢谢天，我拾回了我的欢喜。别说冬天容易过，渴望着信来的时候，每一分钟是一个世纪，每一点钟是一个无穷。然而想着你是幸福的在家里，竚念的心，也总算有了安慰。

你不会责备我说过的那些无聊话？

我实在喜欢你那一身的诗劲儿，我爱你像爱一首诗一样。

问你寒假里有没有计划的人，我不知是谁，大概是一位蠢货，一定。理想的人生，应当充满着神来之笔，那才酣畅有劲。计划，即使实现了也没趣。祝福你。

告诉我几时开学，我将数着日子消遣儿，我一定一天撕两张日历。

朱　廿三下午

过了别离时，还解相思否

清如：

只想给你写信，可是总想不出话说。一天过得糟透，苏州的朋友叫我在春天未去之前去玩一次，我很动心，可是想还是来望你一次吧，如果没有什么妨碍，你愿不愿意看见我？前天才回绝了一个人的借钱，今天又有人来问借，真使我想像我是一个有钱人。“酒面扑春风，泪眼零秋雨。过了别离时，还解相思否？”翻绝妙好词，得此四句，甚喜。肚子很饿，身上又有些冷了起来。你此刻大概在房间里，你相信我是异常，异常地记念着你的。祝好。

一日下午四时

看不见你的日子叫我气馁

宝贝：

我倦眼蒙胧地给你写信，现在是下午四点三十三分。昨夜看小说看到二点多，今天倦得想死。我不想骂你，第一因为我倦；第二因为你叫我不要骂你；第三因为我并不比你好，不配骂你；第四即使我不倦，即使你叫我骂你，即使我配骂你，我也不愿意骂你，因为你是宝贝。

为什么我不会欢喜你向我饶舌呢？你自己懒得动笔，莫要推在我身上，我不要你那样体谅我。我多希望你一天到晚在我耳朵边咭咭呱呱，那么我永远不会神经衰弱。只要你不嫌吃力，一天对我讲四十八个钟点的话我都不会厌倦。

越是想你，越没有梦，福薄缘悭，一至于此！昨夜好容易到将醒来时才梦见接到你一封薄如蝉翼的信，还来不及拆开看时已经醒了，这种梦简直不值一个大。

我只盼望星期，我愿意什么事都不做，只是玩，吃东西，活着一点不快乐。

等到再看见你时，我又老了一百岁了。作算我再能看见你三十次，作算每次都是整整的一天，作算我们还有三十年好活，那么我还有 10927.5 天不看见你，30 天看见你，这比例叫人气馁。

生活很乏味，因你而得趣

好人：

挨过了一个无聊的聚餐，回到斗室里剥去衣裳（我不想对你讲究无聊的礼貌，一定要衣冠端正而写信），便在纸上写上了好人两个字，这光景正像受了委屈的孩子扑到娘怀里便“哇”的一声哭起来一样，除了这我也想不出什么安慰自己的办法了。

委屈是并没有什么委屈，不过觉得乏味得很，跟别人在一起的时候，我总是格外厌世的。今晚是本级在上海的同学欢送陈尧圣出国，虽然都是老同学，我却觉得说不出的生疏；坐在那里，尽可能地一言不发，如果别人问我什么，便用最简短的字句回答，能用点头摇头或笑笑代替则以之代替。我总想不出人为什么要讲那些毫无意义、毫无必要的“你好”“忙不”“放假了没有”“几时来拜访”“不敢当，请过来玩玩”一类的话。

只有你好像和所有的人完全不同，也许你不会知道，我和你在一起时较之和别人在一起时要活泼得多。与举世绝缘的我，只有你能在我身上引起感应。

建筑月刊从最近期定起，计洋五元六角，定单上的“5”字写得不大容易辨认，故再写一笔，免得查问。

我爱你永远爱不完，愿蚊子不要叮你。

朱　廿七

你不理我，我在火炉旁也能冻死[1]

好人：

你简直是残忍，一天难挨过似一天，今天我卜过仍不会有你的信来。我渴想拥抱你，对你说一千句温柔的蠢话，然这样的话只能在纸上我才能好意思写写，即使在想象中我见了你也将羞愧而低头，你是如此可爱而残忍。

我决定这封信以情书开头，因此就有如上的话，但这写法于我不大合适，虽则我是真的爱你，如同我应该爱你一样。

如果到三十岁我还是这样没出息，我真非自杀不可。所谓有出息不是指赚三百块钱一月，有地位有名声这些。常常听到人赞叹地或感慨地说“什么人什么人现在很得法了”，我就不肚热那种得法，我只要能自己觉得自己并不无聊就够了。像现在这样子，真令人丧气。读书时代自己还有点自信和骄矜，而今这些都没有了，自己讨厌自己的平凡卑俗，正和讨厌别人的平凡卑俗一样，趣味也变低级了，感觉也变滞钝了。从前可以凭着半生不熟的英文读最艰涩的 Browning[2] 的长诗，而得到无限的感奋，现在见了诗就头痛，反之有时看到了那些又傻又蠢气的电影，倒要流流眼泪，那时我便要骂我自己：“你看看你这个无聊的家伙，有什么好使你感动的呢，那些无灵魂的机械式的表演？”真的我并不曾感动，然而我却感动了。一个人可以和妻子离婚，但永远不能和自己脱离关系，我是多么讨厌和这个无聊的东西天天住在一个躯壳里！如果我想逃到你的身边，他仍然紧跟着我，因此我甚至不敢来看你，因为不愿带着他来看你。我多么想回到我们在一处作诗（不管是多么幼稚）的“古时候”，我一生中只有那一年是真的快乐，真的满足，满足自己也满足世界，除了太过渺茫了的我的童年，那还是太古以前的事，几乎是不复能记忆的了。

你知道火炉会使人脸孔变惨白，但你不知道人即使在火炉旁也会冻死的，如果有人不理他。杭州已下雪了，这里只有雨，那种把人灵魂沾满了泥泞的雨。冬天唯一的好处是没有臭虫，夜里可以做梦，虽然我的梦也生了锈了。

寄与你一切的思慕。

朱儿

注：① 此信原件上宋清如注：1934 年冬。

② Browning：勃郎宁，19 世纪英国诗人。

只希望看见你，除此别无他想

清如：

元旦早上到家，过了两夜，今晚回上海，读了你的信，很快活。

家里当然并没有趣儿，来了几个客人，吃吃东西发发闷，想给你写信也没心思，一半因为没有钢笔墨水我写不出。夜里仍做些梦，都不记得了，今天早上睏晏觉，在被中想想你，曾经哭哭，不是为伤心或相思得苦，只是无聊而已。

我的年龄一共有四说，廿二岁，廿三岁，廿四岁，廿五岁。

再过两天是星期，又得玩了，还剩两三块钱。至少可以把西席地米尔的 Cleopatra ① 和刘别谦的 Merry Widow ② 两本一起看过。郑天然这家伙不知究竟打算来不来，要是明天不来，我根本对他失望了，已经是第四次的延期。

什么希望都没有，只希望就看见你，你阴历新年在家还是在校？

这是今年我所写的第一封信。一切的思念和祝福都属于你，愿你无限好。

我怪爱在冷天吃冷东西，此刻尤想吃 ice cream ③。

朱　三日夜

注：① Cleopatra：影片名，当时译为《倾国倾城》，现在译为《埃及艳后》，讲述古埃及女王克莉奥佩特拉七世的生平艳事。

② Merry Widow :《风流寡妇》，影片名。

③ ice cream: 冰激凌。

等候你的日子度日如年[①]

清如：

我心里很悒郁很悒郁。你的信来了，拿在手里，心微微的痛。读了之后，更懊恼得说不出话来。我已写过两封信，寄在栏杆桥。现在写信，又忘记了你常熟的地址号数，得还家翻了出来才能付寄。心真急，话，今天说了要隔天才能听到，已不痛快。回音，又有得等的。冬天的日子也是这样长。这里，有的是把冷淡当作友谊的“好朋友”。我没有话说，只念你，像生着病。我心里很悒郁很悒郁。不要失约，好人，我把一天当一年过，等候着你。我不能让你在我身边闪过，我要望着你，拉住你，相信不是在梦里。天！我愿意烧，愿意热烈，愿意做一把火，一下子把生命烧尽。我不能在地窖里喊忍耐，一切是灰色得难受，灰色得难受。死，也得像天雷砸顶那么似的死，火山轰炸那么似的死，终不能让寂寞寸脔我的灵魂，心一点一点地冻成冰。我怕冷。愿你好。如果我不是这样不自由，我将飞到随便什么地方来看你。说不尽的心里的一切。

朱　十九下午

注：① 此信原件宋清如注：1934 年。

你是我欢乐与哀愁的光明[1]

哥儿：

不动笔则已，一动笔总是 sentimental[2]，我很讨厌我自己。

几天暖得像大好的春天，今天突冷，飘雪。

真想着你啊，还有好多天呢。

有人说我："说着想念你啊想念你啊的一类人，都是顶容易忘记人的。"我不知道自己是不是那种人，容不容易忘记人现在也没有事实为自己证明。但如是那样能热热烈烈地恋，也能干干净净地忘却，或比不痛不痒的葛藤式的交情好些吧？作文章，写诗，我都是信笔挥洒，不耐烦细琢细磨的人；勾心斗角的游戏，也总是拜人下风的。

该有信给我了，你允许我的。

一本《古梦集》[3]，抄得你梦想不到的漂亮，快完工了，作礼物送给你，至少也值得一个 kiss[4]。

真愿听一听你的声音啊！埋在这样的监狱里，也真连半个探监的人都没有，太伤心了。这次倘不能看见你，准活不了。

哥儿是用不到我祝福的，因哥儿的本身即是祝福，是我的欢乐与哀愁的光明。

朱　2/2 下午

注：① 此信写于 1935 年 2 月 2 日。

② sentimental：感伤的。

③ 朱生豪大学毕业后曾把写的旧体诗词选编抄录装订成册，取名《古梦集》，后毁于日本侵略者的炮火中。

④ Kiss：吻。

我生命中仅有的几个字[1]

二哥：

我写不出信，真要命，你教我写些什么话。

Proud word you never spoke, but you will speak

4 not exempt from pride some future day.

Resting on one white hand a warm wet cheek

Over my open volume you will say,

“This man loved me!” Then rise & trip away. [2]

简直没办法，想什么地方抄一点写写，又没有抄处，否则真不必自讨苦吃硬要写信，可是不写信我又怎么睡得着。

我一天想你到夜，我不愿不想你，一定要想你，你真可爱可爱。信怎样写呢？

我真是那么痴望着看见你，永远是那么渴着，像一个渴慕太阳的红人。

要是此刻看见你，我将要怎样贪婪地注视着你哩。还能够一同到云栖等处走走吗？

我想念你，似乎我生命中只有这几个字，我想念你想念你你你。

几时能看见你？无可奈何地祝你好，信等于不曾写，你不要憎嫌我。

朱

注：① 此信原信封日期为 1935 年 2 月 6 日，自嘉兴寄往无锡栏杆桥（宋清如家在档杆桥，虽然隶属于常熟县，但邮件一般由无锡转，所以这样写）。

② 这是 19 世纪英国诗人兰多（W. S. Landor, 1775 ～ 1864）的一首诗，其中第 2 行的“4”原文是“four”。对这首诗，屠岸先生的译文是：你从来不说骄傲的话，但总有一天你仍不免要说出骄傲的话。你皙白的手支着发热流泪的脸，对着我的摊开的作品，你声言：“此人爱过我！”然后就起身离开。

不敢盼望不别的永聚

亲爱的朋友：

今天才回上海，你一日发的信在我去后到，今天才看见，希望你眼皮上的东西已没有了。你真是苦恼子相，要不要我疼你？

已经决定今夜不写信了，可是不写总不成功，在家里，则想写想写总写不出什么话来，除了我爱你。

告诉我谁骂你是滑头，当然也许他也有他的理由，但有人说你是最甜也是最可信赖的好人，你承认不承认？（那个“有人”便是我。）

写信总是那么写不痛快，我真是盼望看见你，就是不说一句话也好。顶好是有五六天样子在起盘桓，然后再分别。过分的幸福反而不好的，因此我不敢盼望不别的永聚，只要别得不太久远，聚得不太匆促，那么生活也就很可满足了。

生命是全然的浪费，用一个两个钟头写一封无关重要的信，能够邀得心心相印者的善情的读诵，总算是最有意义的事了。

感爱思慕的话是无从诉说的，但愿你好，康健，快乐，有一切福。

朱　八日

几时离家？

无以名之的寂寞

其实老早倦得想睡了，可是到底发了那么半天呆。

我说，我不高兴写信了，因为写不出话来。可惜我不是未来派画家，否则把一块红的一块绿的颜色在白纸上涂涂，也好象征象征心境。

总之是一种无以名之的寂寞，一种无事可做，即有事而不想做，一切都懒，然而又不能懒到忘怀一切，心里什么都不想，而总在想着些不知道什么的什么，那样的寂寞。不是嫠妇守空房的那种寂寞，因为她们的夫君是会在梦中归来的；也不是游子他乡的寂寞，因为他们的心是在故乡生了根的；也不是无家飘零的寂寞，因为他们的生命如浮萍，而我的生命如止水；也不是死了爱人的寂寞，因为他们的心已伴着逝者而长眠了，而我的则患着失眠症；更不是英雄失志，世无知己的寂寞，因为我知道我是无用的。是所谓彷徨吧？无聊是它的名字。

吴梦窗的词，如果稍为挑几首读读的确精妙卓绝，但连读了十来首之后不由你不打呵欠，太吃力。

没有好杂志看好电影看也真是苦事，我一点不想看西席地米尔的《十字军英雄记》，左右不过又是一部大而无当的历史影片。我在盼望着堇纳倾全力摄制的莎士比亚《仲夏夜之梦》，卓别林的新作，嘉宝的《Anna Karenina》[①]，和自然色试验作的《Becky Sharp》[②]。上海不大容易看到欧洲大陆的影片，就是英国的作品也不多，从德国意国来的极少几部，都是宣传的东西，我很希望看一些法国的名制。

有点要伤风的样子，老打喷嚏。

傻瓜，我爱你。

想你想得我口渴，因此我喝开水；想得我肚皮饿了，alas[③]，无东西吃。我愿意做梦和你打架儿，把你吃扁得喊爹爹，我顶希望看你哭。

心里不满足。祝你好。

小三麻子

注：①《Anna Karenina》：根据俄国著名小说《安娜·卡列尼娜》改编成的同名影片。

②《Becky Sharp》：据英国作家萨克雷名作《名利场》改编的影片，Becky Sharp 是小说的女主人公。

③ alas：英文感叹词，相当于“唉”。

除了爱你之外，我对你毫无用处

宋：

本来我知道你一定不会答应到我家里来，但我确痴心地盼你打上海过，还望你带好东西来我吃呢。又是这么像是特意要避过我似的，连安慰也不留一句地走了，怎不叫人耿耿呢？你或许以为车站上几分钟的相对没有什么意思，徒然引起一些惆怅，但在我，就是惆怅也好，日复一日的枯燥的生活，多么想望一些小小的兴奋，即使不一定是快乐，也总比空虚的想望好些。而且我是那么不自由，要来看你一次，总得顾虑着钱，顾虑着时间。一共在世上我们也没有多少年岁好活，见面的机会是那么稀少得令人伤心，更能禁得起多少次的失望呢？

我常常不大愿意提起关于结婚的问题，尤其是在一个要好的女朋友之前，但今天却想以纯粹朋友的立场，提供你一些意见。唯一我替你担心的，便是你对于一切都抱着得过且过的态度，害怕想到将来，甚至于想借着短命来逃避（也许我也有些如此），其实将来也许并非一定那样可怕也说不定。在此刻，我们的处境很有些相仿，我们的家庭方面都在盼望我们赶快结婚，而我们自己则都在托辞敷衍着。关于我自己，我抱着不结婚的理想，少说些也已有五六年了；起初还只是一个理想主义者的诗意的想头，伴着对于现社会婚姻制度的不满，而近年来生活的困苦的暗影更加强了我的决心。姑母她们以为我现在不愿结婚是有所期待，或者因为嫌现在所入菲薄，要等经济方面有恃无恐后再说，因此倒是相当地嘉许我，但我如说出永远不结婚的话来，她们便要说我是傻子，而且也不肯相信（按照我们的道德的逻辑，你不娶妻生子，父母生下你来做甚么？在这种训条之下，一个男人所受的责备要比女子厉害得多），然而我自己相信我是聪明的，虽然未免偷懒规避了“人生的义务”。同时我对自己也很有把握，即使我母亲从坟墓里复活转来硬要逼我尽我所不愿尽的职，我也不惜做一个忤逆的儿子，为着保持自己最少限度的自由。

关于你，那么似乎你的理由只是因为怕和平常女人陷于同样命运之故，然而这并不是怎么充足的理由，因为命运的平凡不平凡和婚姻并无绝对的关系，真是一个能够自己有所树立的女子，那么虽结了婚也不妨害她为一个不平凡者。不然的话，你能说一般的独身妇人比结婚者的命运更可傲些更幸福些吗？多分是反而更悲惨些。你是爱你的母亲的，如果搪饰到无可搪饰，敷衍到无可敷衍的时候，为了不忍伤她的心，会不会乖乖地听起话来呢？如果终不免有那一天，那么宁愿早些留心为是。一个理想的男人和一个理想的朋友不一样，只要人格高尚，有思想，诚实负责，经济宽余的人就合式了，如果有这种人，还是不要放弃机会的好（一见面感情泛滥的人是靠不住的）。

有了安定的小家庭生活（少年时的彷徨烦闷其实都是生活不能安定之故），只要不忙着养儿子，自己计划着一种有意义的生活方式或找些不烦重的工作，或研习学问，何尝不能获得甚大的乐趣（如果有了计划做不到，那是自己本身的劣根性，这种人无论结不结婚皆无办法）。我不知道你对于自身的将来能不能下一番透彻的考虑，因为无主义的因循是不幸的。我的意思并不是要劝你结婚，或不结婚，但无论结婚不结婚，都得立定斩截的主意，不要含糊过去。我以为你的身体不是个耐得起辛苦磨练的人生战士的身体，事实上你需要一个较温柔的环境。我这种话也许会使你很生气，但这些全是我对于你的诚挚的友情中所发出的一些无我的意见。我相信你如真结了婚一定会使我感到甚大的悲哀，因为也许我们本来不痛快的交往将更受到一重无可如何的拘束，但我对你太关切了，我殊不愿见你永远是一头彷徨歧路的迷羊。我自己又是那么无能为力，除了爱你之外，对你一点用处都没有的。

你当然也不要太用功（我知道你不会用功的），但在之江这种地方如果说稍为读读书就会对健康有碍的话，我总不能相信。我自己的体格，谁都说我很不好，但在如今这种不健康的环境里过着不健康的生活，两年了，身体也不见坏到什么地方去。太娇养了也是不对的。

我是个理想家，想到现实会使我黯然，但我也不想躲避现实，一切凭着上帝或魔鬼的旨意吧！

一切的祝福，你知道我将爱你到永远，像爱一个最喜欢的兄弟姐妹一样。

朱　五日晚

先还你五块钱，因需要付房租等没得多，其余的五块过两星期后准还你，虽然我知道你并不要紧。

每两分钟你在我心里一次

姊姊：

今天早上弄堂里叫卖青梅，喊着："妹子要妹子？亲妹子，好妹子，好大格亲妹子要？"

真的我这么许久不见你了，不知道几时才能托上帝的福再见你一次，今天是风雨凄凄，思想起来好不伤心人也。

舍弟很客气地来信请我端午节到家里去做客人，但要我衣裳穿得楚楚一点，因为他的太太不大看得惯寒酸（或者好听一点说落拓不拘细节）的样子。实在，我对于故乡的姑娘儿们是只有叹气的，尤其是暴发户气息的小商人阶级的女儿。嘉兴是太充满商人味儿的城市，你走遍四城门也找不到一个高贵清华的少女，当然更绝对产生不出宋清如那样隽秀的才人。

我要多么待你好，每两分钟你在我心里一次，祝福你。

弟弟　星期日

我的希望与快乐都是你

宋：

你的字写得真不好看，用横行写比较看上去齐整些。

这里连雪的梦都不曾做过，落在半空中便化为雨了，我们也不盼雪，根本没甚意思，还是有太阳可以走动走动活泼一些。一九三六年是在这阴惨的日子里开始了的，昨天的过去，不曾给我牵情的系恋。本来抵庄一个人在外边流浪一天的，看了一场早场电影《三剑客》，很扫兴，糖也不买，回来咕嘟着嘴躺在床上昏昏沉沉地看《醒世姻缘》泼妇骂街了。

天初冷时很怕冷，冷惯了些时却根本不觉得什么，每天傍晚或夜间，不论风雨，总得光着头在外边吹了一遍冷风回来。

有闲钱，自己印几本诗集送送人，也是无可无不可的顽顽儿，只要不像狗屁一样臭，总还不是一件作孽的事。只是不要印得多，也不要拉什么臭名人做臭序捧场，印刷纸张装订要精雅玲珑，分送分送亲近的朋友，也尚不失为风雅。可是不出诗集最好，因为这种东西实在只是自己写给自己看的。

我只想变做个鬼来看你，我看得见你，你看不见我。总有一天我会想你想得发痴了的。

我不要有新的希望，也不要有新的快乐，我只有一个希望，这希望就是你，我只有一个快乐，这快乐就是你。祝愿魔鬼不要使我们的梦太过匆忙地结束，凭着 Lucifer 的名字，Amen ①！

Julius Caesar ②

注：① Amen：阿门。

② Julius Caesar：裘力斯 · 凯撒，即凯撒大帝，古罗马著名统治者，也是莎士比亚同名历史剧中主人公的名字。

卷三

请莫怪我如此爱你

接到你的信，
真快活，
风和日暖，
令人愿意永远活下去。
世上一切算得什么，
只要有你。

我相信你是待我好的

好友：

我并不真怪你，不过怪着你玩玩而已。你这人怪好玩儿的，老是把自己比作冷灰——怪不得我老是抹一鼻子灰。也幸亏是冷的，否则我准已给你烧焦了。我不大喜欢这一类比喻。例如有人说“心如止水”，只要投下一块石子去，止水就会动起来了；有人说“心如枯木”，唯一的办法便是用爱情把它燃烧起来，你知道枯木是更容易燃烧的。至如你所说的冷灰，只要在它中间放一块炙热的碳，自然也会变热起来。但最好的办法还是给它一个不理睬，因为事实上你是待我很好的，冷灰热灰又有什么相干呢？

你要是说你不待我好，即使我明知是真也一定不肯相信。但你说你待我很好，我何乐而不相信呢？但我很希望听你说一万遍，如果你不嫌嘴唇酸的话。

你一定不要害怕未来的命运，有勇气把眼睛睁得大大的，凝视一切；没勇气闭上眼睛[①]信任着不可知的势力拉着你走，幸福也罢，不幸也罢，横竖结局总是个 The end[②]。等我们走完了生命的途程，然后透口气相视而笑[③]。好像经过了一番考试，尽管成绩怎样蹩脚，总算卸却了重负，唉呵！

我拍拍你的肩头。

Villain

LEBENSMISSIONSVORSITZENDERSTELLVERTRETER[④]

注：①“眼睛”两个字，原信是画的一只眼睛。

②The end：很可能是指影片结束时出现在银幕上的“剧终”。

③“笑”字，原信是画了一张张大了嘴笑的脸。

④这是一个德文词，意思是“粮食分配结束委员会委员长”，是朱生豪故意构造的一个长词。

你不要不待我好

好人：

你不懂写信的艺术，像“请你莫怪我，我不肯嫁你”这种句子，怎么可以放在信的开头地方呢？你试想一想，要是我这信偶尔被别人在旁边偷看见了，开头第一句便是这样的话，我要不要难为情？理该是放在中段才是。否则把下面“今天天气真好，春花又将悄悄地红起来”二句搬在头上做帽子，也很好。“今天天气真好，春花又将悄悄地红起来，我没有什么意见”这样的句法，一点意味都没有；但如果说“今天天气真好，春花又将悄悄地红起来，请你莫怪我，我不肯嫁你”，那就是绝妙好辞了。如果你缺少这种 poetical instinct[①]，也得把称呼上的“朱先生”三字改作“好友”，或者肉麻一点就用“孩子”；你瞧“朱先生，请你莫怪我，我不肯嫁你”这样的话多么刺耳；“好友，请你莫怪我，我不肯嫁你”，就给人一个好像含有不得不的苦衷的印象了，虽然本身的意义实无二致；问题并不在“朱先生”或“好友”的称呼上，而是“请你莫怪我……”十个字，根本可以表示无情的拒绝和委婉的推辞两种意味。你该多读读《左传》。

我没有要你介绍女朋友的意思，别把我的话太当真。你的朋友（指我）是怎样一宗宝货你也知道，介绍给人家人家不会感激你的，至于我则当然不会感激你。

我待你好，你也不要不待我好。

注：① poetical instinct：诗的直觉。

爱一个朋友，总不算错事

清如：

本来是不该再写这信了，因为昨夜气了一夜，原谅我没有人可以告诉。

话太多，实不知从何说起。只恨自己太不懂事，以后该明白一些，我是男人，你该得疑惧我的。一向太信任朋友两个字，以为既然是朋友，当然是由于彼此好感的结合，至于好感到何程度，那当然不是勉强而来。但爱一个朋友，总不算是一件错的事，现在才晓得要好是真不应该“太”的。我心里有无限的屈辱。

愿你相信我一向是骗你，我没有待你好过，现在也不待你好，将来也不会待你好，这样也许你可以安心一点。交朋友无非是多事，因为交朋友就要好，而你是不愿别人跟你要好的。现在我很相信你不时提说的那一句话，男女间友谊不能维持永久。这责任不是我负，因为我一向信任你，不信任人的是你。我殊想不到待你太好会构成我自己的罪名。我心里有无限的屈辱。

写不出了，主要的意思，仍没有说。愿你好，以后，我希望能使你安静一点。

做人，是太难堪了。

我待你好，待你好，你好，好

好友：

诗一首呈教。

下星期尾我来看你，你允不允许我？本星期尾要回家去。

不用再告诉你我是多么想你。做人是整个儿的无聊，也不知你把日子怎样挨过去。

我待你好，待你好，你好，好。

太保阿书

爱的界限

清如：

你的几句话狠狠激怒了我。什么是普通的祝福，什么是不普通的祝福，我不甚清楚，说你待我好的话，不过是因为我在这里很寂寞，谁也不待我好，只你肯频频给信我，故心理上觉得你待我顶好，我不可以这样想吗？凡你对我说过的话，我总相信；不曾说过的，我不想知道也不欲妄测。既然你告诉我了，我知道了而且相信。本来我没有要在你心上占据“特殊”地位的野心，就是你当不当我朋友也满不在乎；我对于你的态度虽似狂妄一些，好像如你所想，不应该这样热烈似的。但我确信我的爱你并没有逾乎一个朋友的爱的界限；也许别人对于朋友的见解不过是普通的泛常的来往应酬，那我就不知道了。我说话常时[①]是放肆一些，即使是在给女朋友的信中，会待好待好地招人疑忌。其实那些话在我倒并不觉得一定是向异性献媚求媚的话。即是普通的朋友，也尽有可以爱的理由，只要别缠到歪处去。我不甚愿和女性交际（如我是女子，我也不甚愿和男性交际），更不愿与任何一女子发生友谊以外的关系。你将永远是我少数的几个女友之一，也许将是我唯一的女友，不知道你能不能相信我？但你并不待我好，故朋友云者，也不过是我一方面而言。至于我在于你，不过是一个认识人而已，是不是？

愿你好。

朱朱　六日晨起

注：① 常时：上海方言，意为“有时”。

心已久旱，盼逢甘雨[1]

好好：

今天毫无疑问地得到了你的信，就像是久旱逢甘雨一样。

吃喜酒真非得要妈妈同着不可，难为情得一塌糊涂，今后誓不再吃（你的喜酒当然我一定不要吃），世上没有比社交酬酢更可怕的事（除了结婚而外）。

我希望你不要嫁人，如果你一定要嫁人的话，我希望你不要嫁像我这种男人（如果我也可以算是男人的话），要是你一定要嫁像我这种男人呢，那我也不管，横竖不关我事。

我今天要到街上去，买信封信纸墨水（全是为着给你写信用的），再买几本小说看。你有没有看过杜思退益夫斯基[2]的《被侮辱与被损害的》？如果商务廉价部里有这本书，我可以买来给你。

我待你好，直到你不待我好了为止。也许你不待我好了，我仍待你好的，那要等那时再说。

我要吻吻你。

魔鬼的叔父　三日

注：① 此信原件上宋清如注：1935 年 4 月。

② 杜思退益夫斯基，现译为陀思妥耶夫斯基。

最好我们逃到一个荒岛上去

宝贝：

要是我的母亲“宝贝、心肝、肉肉、阿肉、阿宝、囡囡、弟弟、阿囡、好囡、乖囡、乖宝、小囡”地叫我，我一定要喊她“不要肉麻”。用一种喊法已够，一连串地叫起来，不亦过甚乎？

我伤心得很。

最好我们逃到一个荒岛上去，我希望死在夕阳中，凝望着你的出神的脸。

世上竟有没出息的男子如小生者乎？我最怕人家对我说两句话，一句话是“不要浪费你的时间，好好努力”，一句话是“年纪不小了，快快结婚”。结婚的问题不只单单在于成为一个女人的丈夫，还得兼为她的父母的女婿，她的伯叔的侄婿，她的兄弟姐妹的姐夫妹夫，她的姐夫妹夫的连襟，以及说不清的种种关系，以及她的儿子女儿的父亲，岂不难于上青天乎？

Chief①诚意地要介绍“女朋友”给我，我说不要，因为这种事情太 Awkward[②]。

我一点学问也没有，学问是可以求得的，我的毛病是我看不起学问。你看怎么办？要我做起文章来，著起书来，一来都不来。我想不出我有什么用处。

唯一的自慰是你并不比我高明。

我待你好，不许骂我。

十六

有的好花是短寿的，但好花不一定都短寿。蔷薇你又写成了“薇薇”。

你顶待我好而且待我顶好是不是？

这封信被刀挖得多么可怜，你疼不疼它？

注：① Chief：单位或部门的长官。

② Awkward：为难、尴尬。

可笑的蠢话

清如老姊：

松江有一个教员位置，有人已向我说过，大概有六七分把握，不过如这学期就要去上任，想起来有些心慌，而且我也不甚喜欢松江，又小又寂寞。

郑天然寄了三本《世界名曲文库》给我，门外汉买给门外汉，甚为抱歉。《俄罗斯歌曲集》和《Falla①歌曲集》还可以念着日本字哼哼，那本 Schubert②就只好看着发呆。顾敦已敦促了几次纪念刊的稿子，而且特别指定要白话诗，“能此者甚少，非借重不可”，实在难于应命，你替我代做不好？小弟此身自问已和一切艺术绝缘，想起来寂寞得很。

你几时走？

我不知道恋爱是否原来就是一件丑恶的东西，还是人把它弄丑恶了的，但无论如何这两字总不给人好感。我希望人家不要以为我和你发生了恋爱，而且我写给你的信也并不是情书。——可笑的蠢话！

想要谈谈时局战争一类的话，可是谈不来，不谈了。

如果天真能倒下来，就好了，省得我明天还要跟你写信。你觉得我讨不讨厌？

我待你好，我待你好，我待你好，我待你好。

卅

注：① Falla：法里雅，西班牙作曲家。

② Schubert：舒伯特，奥地利作曲家。

如果爱你没意思，不爱你更没意思

好人：

我不要翻日历，因为它会骗我只不过是三数天，但我明明觉得有好几个月了，你不曾有信来。

无锡有没有去？你有没有热坏？

明天起又要改到早上七点半上工了，全无人道可言，这种天气，只有早上是比较可以睡睡的时间。

我们英文部越来越不像样了，昔我来矣，主任之下连我算在内有四位大编辑，和六七位校对先生，现在除主任之外，算是编辑的只有我一个，校对剩了三个，可怜之至。

前天看电影《仲夏夜之梦》，不很满意。

你今天仍旧待我好的，是不是？我真爱你，不要说我说诳，但并不怎么样，因为这是一句没有意思的话。但我不因为没有意思而不爱你，因为如果爱你没意思，不爱你更没意思。

虫　卅

我更想知道你在做什么

清如我儿：

你不给我信是不行的。

今天的节目：

1. 起身（九点钟）。

2. 吃粥。

3. 看报。

4. 写信——给你的。

5. 看小说——完毕 Galsworthy[①]的《In Chancery》[②]，此翁的文字清淡得很。

6. 吃中饭——鸡。

7. 出门。

8. 卡尔登看电影——捷克斯拉夫出品，“Symphony of Love[③]”，又名“Ecstacy”，因为广告上大登非常性感，故观者潮涌，尤多“小市民群”，其实该片还是属于高级的一类，虽是以性欲为题材，却并无色情趣味，至于描写得较露骨的部分当然早已剪去。摄影好音乐好，导演处置纤细但嫌薄弱，表演平平，看后印象不深刻。

9. 四马路买过期廉价漫画杂志数本。

10. 回家。

11. 吃晚饭。

12. 作夜工三小时。

13. 写信。

14. 睡（十二点半)。

你要不要我待你好？

金鼠牌　星期日

注：① Galsworthy：高尔斯华绥，英国小说家。

② 《In Chancery》：《在法庭上》，高尔斯华绥的小说。

③ Symphony of Love：英文影片名，《爱情交响曲》。中译名为《青年之恋》。

我在发愁，也在爱你

宋：

你在不在发愁？

我在发愁，希望天下雨。不是我喜欢雨天，晴天我总希望下雨，雨天我总希望天晴。

今天又比昨天老了一天。

我爱你得很。

朱生　十五

你寄一张戴方帽子的照相给——不是给我，给姓朱的。我待你好。

五点半

你不喜欢我说肉麻的话我就不说

宋：

两句宋词很可可（比我的好），不过“闲来只管饱和眼”一句不懂，“眼”大概是“眠”字之讹吧？这句和“为爱才华着意怜”两句都不协律，把为爱句搬到娇痴句下，闲来句太俚不要，下半阕另撰一句，如何？

我近来——这两天——工作效率很高，日间十足做五小时半工作，晚上做夜工三小时，每小时可以制造两块钱的商品。

昨天去把《罪与罚》电影 repeat ①了一遍，印象很好。

愿你不要惆怅，因为我不善于安慰你。

如果你不喜欢我说“我待你好”一类的肉麻话，这回我就不说。

朱　廿

注：① repeat：重复、重看。

谁先不待谁好

清如：

在家没趣，只想回上海来。一回到自己独个儿的房间里，觉得这才是我真正的家。其实在我的老家，除了一些“古代的记忆”之外，就没有什么可以称为“我的”的东西；然而三天厌倦的写字楼生活一过，却有点想家起来了。家，我的家，岂不是一个 ridiculous [1]的名词。

我常常是厌世的，你的能力也甚小，给我的影响太不多，虽然我已经感谢你，要没你我真不能活。

有经验的译人，如果他是中英文两方面都能运用自如的话，一定明白由英译中比由中译英要难得多。原因是，中文句子的构造简单，不难译成简单的英文句子，英文句子的构造复杂，要是老实翻起来，一定是噜苏累赘拖沓纠缠麻烦头痛看不懂，多分是不能译，除非你胆敢删削。——翻译实在是苦痛而无意义的工作，即使翻得好也不是你自己的东西。

我们几时绝交？谁先待谁不好？

愿你好。有人说他很爱你，要吃了你，因此留心一些。

常山赵子龙　十一

注：① ridiculous：荒谬的、可笑的。

我是宋清如至上主义者

我不知是什么东西，卢骚的《新哀洛绮思》（师范英文选第三册选入，这种物事[①]好教学生！以文章而论，歌德的《维特》当然好得多了），恋爱，恋爱，那种半生不熟，十八世纪式的恋爱，幼稚而夸张，无谓的 sentimentalism [②]，佳人＋才子＋无事忙热心玉成好事的朋友＋扭扭捏捏不嫉妒的“哲学的”丈夫，这位丈夫，是卢骚特创的人物，篇中谁都佩服他，实际是最肉麻的一个。

你不用赌神发咒我也早相信你了，前回不过是寻晦气的心情，其实我总不怪你。

我顶讨厌中国人讲外国话，并不因为我是个国粹主义者，如果一个人能够讲外国话，讲得比他的本国话更好的话，那么他尽有理由讲外国话，否则不用献丑为是。

好人，我永远不对你失望，你也不要失望自己。

我希望你不要用女人写的信纸。

我以为理发匠非用女人不可，有许多理发匠太可怕，恶心的手摸到脸上，还要碰着嘴唇，叫你尝味它的味道。嘴里的气味扑向你鼻孔里，使人非停止呼吸不可。中国人喜欢捶背狠命扒耳朵，真是被虐待狂。

伤风好了没有？你真太娇弱。

我不笑，不是不快活，无缘无故笑，岂不是发疯。

后天星期日。

接到你的信，真快活，风和日暖，令人愿意永远活下去。世上一切算得什么，只要有你。

我是，我是宋清如至上主义者。

人去楼空，从此听不到“爱人呀，还不回来呀”的歌声。

愿你好。

Sir Galahad ③

P.S. 我待你好

注：① 物事：上海方言，意为“东西”。

② sentimentalism：感伤主义。

③ Sir Galahad：亚瑟王传说中的圆桌骑士之一，是纯浩勇敢的象征。

别离只能使我更爱你

宝贝：

说得那样可怜。自己要别人忘记你，别人信刚写得略微迟一点就那么急，真有意思！我不会恼你的，即使你的话说痛了我的心也仍是欢喜你的。也许你望着月亮的时候，我正在想着我的宝贝笑哩，或者是正神往于那天的同游也说不定。

回答我，不准含糊：究竟您愿我待你好还是不愿我待你好？只回答我愿与不愿，不准说其余的话。如不回答，只算你默认愿意。

明儿你上北方去，大概我已经死了，否则总不会不知道，也许我连做人的一半资格都没有，所以你说没有半个人知道。我想我一定要更多的写信给你呢，也许那时心情好一些，能说一些略为有意思一点的话，你也有更多的物事好告诉我吧？别离是只使我更爱你的，想到我的好人一个子跑得那么远，无论如何，要不爱她是不行的。

日子过得非常恶劣，只想你是我的安慰，昨夜我梦见你的。

朱

我待你好，永远永远永远

好人：

我不打你手心，我待你好，永远永远永远，对着魔鬼起誓，我完全不骗你。

你想不出我是多么不快活，虽则我不希望你安慰我，免得惹你神气。

我吻你—这里—这里—这里—还有这里。

你的　十六夜

卷四

从未像爱你一样爱过一个人

你并不伟大，但在我心里的你是伟大的。

你如不爱我，我一定要哭

小亲亲：

昨夜写了一封信，因天冷不跑出去寄，今天因为觉得那信写得……呃，这个……那个……呢？有点……呃，所以，……所以扣留不发。

天好像是很冷是不是？你有没有吱吱叫？

“ ”

因为……虽则……但是……所以……然而……于是……哈哈哈！

做人顶好不要发表任何意见，是不是？

我不懂你为什么要……你猜要什么？

有人喜欢说这样的话，“今天天气好像似乎有点不大十分很热”，“他们两口子好像似乎颇颇有点不大十分很要好似地的样子”。

你如不爱我，我一定要哭。你总不肯陪我玩。

小瘌痢头　三月二日[1]

注：① 三月二日，原信中月是画了一个“月亮”，日是画了一个“太阳”。

都怪这世界太古怪

宝贝：

现在是九点半，我想你大概已经睡了，我也想要睡了。心里怪无聊的，天冷下雨，没有东西吃，懒得做事，只想倚在你肩上听你讲话。如果不是因为这世界有些古怪，我巴不得永远和你厮守在一起。

你说我们前生是不是冤家？我向来从不把聚散看成一回事，在你之前，除你之外，我也并非没有好朋友，不知道为什么和你一认识之后，便像被一根绳紧紧牵系住一样，怪不自由的，心也不能像从前一样轻了，但同时却又真觉得比从前幸福得多。

不写了，祝你快乐！

十九夜

你太不好，一切都不好[①]

清如：

要是我死了见上帝，一定要控诉你虐待我。

人已做到了山穷水尽的地步，再有何说？要是我进了修道院，我会把圣母像的头都敲下的。

总之你是一切的不好，怨来怨去想不出要怨什么东西好，只好怨你。

今天提篮桥遇见了苏女十，照理一年不见了应该寒暄几句，可是她问我那里去，我想不出答案，便失神似的说回去，她似乎觉得这话有点可笑，我只向她笑笑而已，一切全是滑稽。

愿上帝祝福所有的苦人儿！

如果穷人都肯自杀，那么许多社会问题，都可不解决而自解决，我以为方今之世，实有提倡自杀的必要。

总之你太不好，我这样不快活！

再没有好日子过了，再不会笑笑了，糖都要变成苦味了，你也不会待我好了。

总之这样下去是不成的，我宁愿坐监牢。

为什么你要骂我？为什么你……人家都给他们吃，只不给我吃，我昨天不也给你吃花生？

我秘秘密密地告诉你，你不要告诉人家，我是很爱很爱你的。

我是深爱着青子的，

像鹞鹰渴慕着青天，

青子呢？

睡了。

鹞鹰呢？

渴死了。

没有茶吗？

开水是冷的。

我要吃 ice cream。

我要打宋清如，那尼姑。

注：① 此信原件上宋清如注：1934 年。

如果世界上有两个宋清如[1]

好：

我希望世上有两个宋清如，我爱第一个宋清如，但和第二个宋清如通着信，我并不爱第二个宋清如，我对第二个宋清如所说的话，意中都指着第一个宋清如，但第一个宋清如甚至不知道我的存在。要你知道我爱你，真是太乏味的事，为什么我不从头开始起就保守秘密呢？

为什么我一想起你来，你总是那么小，小得可以藏在衣袋里？我伸手向衣袋里一摸，衣袋里果然有一个宋清如，不过她已变成一把小刀（你古时候送给我的)。

我很悲伤，因为知道我们死后将不会在一起，你一定到天上去无疑，我却已把灵魂卖给魔鬼了，不知天堂与地狱之间，许不许通信。

我希望悄悄地看见你，不要让你看见我，因为你不愿意看见我。

我寂寞，我无聊，都是你不好。要是没有你，我不是可以写写意意[②]地自杀了吗？

想来你近来不曾跌过跤？昨天我听见你大叫一声。假的，骗骗你。

愿你好好好好好好好。

米非士都非勒斯[③]　十三

注：① 此信原件上宋清如注：1934 年。

② 写写意意：嘉兴上海一带方言，意为舒舒服服。

③ 米非士都非勒斯：Mephistopheles，歌德著名诗剧《浮士德》中和浮士德做交易的魔鬼。现通译为“靡非斯特”。

你不许不许我这样不许我那样

老姊：

来信只有“若说没有写别字的先生，哪来写别字的学生”一句话算是可爱的诡辩，此外似乎很有些缺少 sportsmanship [①] 的样子。

你自己对于自己的批评我是向来不要听的，你说你笨，你坏，你不好，你无情，你凶，都是太恭维了你自己，因为我最佩服这类人，而你则尚不够资格。至于说我给你装饰，那么不知道几时我曾给你涂过脂粉画过眉毛？

你知不知道一句古老的话，太阳底下没有新的事物？我不用再告诉你宇宙是一个大的鸟笼了，你是年青得可怕！

我不许你不许我这样不许我那样。

Lucifer

中华民国 5×5 年 5 月 5×5 日 5 时 5×5 分

P.S. 我的自名为“Lucifer”不过是僭窃名号，聊以自娱而已，但比起你来，确乎我更有做魔鬼的资格，而只好委屈你做天使了。

注：① sportsmanship：运动员精神。

等候你的吩咐

清如：

我知道你不爱见我，但不曾想到你要逃避我，我只是你一个平常的朋友，没有要使你不安或怅惘的理由。见一见你，我认为或者是尚可容许的我的仅余的权利，当然我也辨不出是悲是喜，但我总不能抑制着不来看你，即使自己也知道是多事。倘使我的必须是被剥夺去一切生人的乐趣，永远流放在沙漠中的命运，必须永远不再看见一面亲爱的人，那么我等候你的吩咐，我希望那会使你不感到不安。

我不要休息，也不能休息。有钱的人，休息的意义是享福，可以把身体养得胖些；对于我们这种准无产阶级者，休息的意义是受难，也许是挨饿。我相信我更需要的是一点鼓舞，一点给人勇气的希望。我太缺少一切少年人应该有的热情。

在你母亲的身旁，不要想到我，我不要损害你神圣的快乐。

为你祝福。

朱　十九

你不该欺负我

清如仁姐大人芳鉴：

我希望你能再稍为待我好一些，这对我本无关系，因为我是个死人，随人家怎样待我都是一样，所以如此希望你者，不过为着你良心上的安宁起见而已，将来末日审判的时候，也庶几可以无疚于圣父圣子圣灵之前。

举今天的事情来说，我抱着万一的希望奔到了汽车站，迟了七步半，废然而归，本来希望只是万一，因此失望也只是万一，所有的损失，也不过是半身臭汗，一顿中饭、二角车钱、三刻钟迟到而已，但告诉了你，你岂不要不安乎？

你瞧，你如不希望我来看你，就不该告诉我时刻，告诉我时刻，就表示你的不希望我来看你并无诚意，此足下之一不该也；你如不愿见我，就不该特地从上海过有心逗我气恼，此足下之二不该也；你应该早一点发信或再迟一点发信，偏偏要把信在这尴尬的时间寄到我手里，此足下之三不该也；如果你不希望我来看你，就应该在信上写明“希望你来看我”，那么我为着要给你吃一次瘪起见，一定会不来看你，计不出此，此足下之四不该也。有此四不该，虽欲不打手心，不可得矣。

希望你快快爱上了一个人，让那个人欺负你，如同你欺负我一样。

小弟朱生敬启　十六

而且即使你是宋清如，也不应该把“地址”写成“地趾”。

寄来的女人照片，我绝对不认识是谁。

渴望和你打架，也渴望抱抱你

宋：

你前儿那封信里说的话一通也不通，懒得驳你了。世上没有什么人会爱你，因此只好自己骗骗自己说恋爱是傻了。顶聪明的人都是爱寻烦恼的，不寻烦恼，这一生一世怎么度过去？理学先生都有说不得的苦衷。活人总是常戚戚的，死人才坦荡荡。

我渴望和你打架，也渴望抱抱你。

你这恼杀人的小鬼。不要因为我不爱你而心里气苦。

岳飞　三月二日

你很苦，真是，谁也不疼你，快钻到被头里去哭吧。

三等无轨电车里两个女人打架，今天总算得到了点 thrilling[①]，女人打架，照例我总是同情比较好看一点的那个，事实是女人跟女人相打，总是彼此毫无理由的多，要判断谁曲谁直，永远是不可能的。

天实在太暖了，趁着好的太阳光，多走走路吧，不要闷着等死，你如要等死，死便不肯来的。

注：① thrilling：令人兴奋的事。

永远爱你，尽管你那样不好

老弟：

昨夜我简直想怨命，开始是因为今天明天有两天假放，日子无法过去，后来是怨恨你，我说我一定要变成恶鬼和你缠绕，世上没有比你更可恨的人。

顶不好的就是那种说着不确定的话的人，今天任小鬼说“或许”来看我，你想我能欢迎他吗？既不决定，对我说什么，自然啦我不能出去，因为一出去他来了，那是我的不好；然而不出去他不来，他却不负责任，还有比这种更不公平的事吗？你也哄过我不少次了。其实你决不会来看我的，何必说那种来看你不来看你的话呢。不给人希望也不给人失望，这是 fair play[①]，给了人希望再叫人失望，这不是明明作弄人？总之是太少诚意，今后我先预答你一句：“我永不愿你来看我。”这样可以免得你找寻别的理由。

脸孔简直不像人，我也实实在在怕得看见人，让大家忘了我，我也忘了大家吧，讨厌的还要回到家里去。只有寂寞最自由。

你说过你希望将来，因此我希望你将来能到我坟墓上看我。

什么都欺负人，二三十家电影院连一张好片子都没有，日子怎么过去！啊啊。

永远爱你，尽管你那样不好。

朱　廿九

注：① fair play：公平比赛。

上帝也不允许你生病

好友：

真不开心，老是那么的那么的，乖乖的好起来了吧，以后就是要生病，也分点给我生生吧，不要太小气。没气力多休息休息，功课马虎点没有关系。

你妒忌不妒忌都好，总之我用不到你也已经和她相熟了，而且要好得一塌糊涂，她是个挺好的（比我还好），你不能冤枉她，要是我告诉你我怎样爱她法，你如不妒忌便会气破肚子，如妒忌一定会变成大皮球满地滚。

你生肖属凤凰，我知道。否则属风，属星星，属月亮，你还没有资格属太阳，虽则我常唱 'O Sole Mio [①]！想着你，因为你一点不健康。

还有话，留着。愿你不要病，上帝也不允许的。

路易十六　十日

注：① 'O Sole Mio：意大利文，《我的太阳》，是一首著名歌曲。

如果我能忘了你，我一定忘了你

清如：

读了来信，我不快活，我气（不是气你），我知道我向你作了一个不应该的提议，你恕我吧。你的信给我的印象是存在于我们中间的绝大的鸿沟，谁要跨越一步谁就该杀，我如早明白这事实，我一定不要跟你做朋友。一切规矩礼法都是为一般人制定的，但为什么不能给特殊的人以较大的自由呢？说一句话走一步路都要怕嫌疑的世界，对于我是不能一日居的。谢谢你的提示，以后我把你是一个女孩子（诗礼人家的小姐，不是街头流浪的野孩子）这事实永远放在心上，感情用事的话也不敢随便向你说了。

一切是不痛快得令人不想活下去，想起来似乎我到你家里来也是多事，谁知道你家里的人不把特殊的眼光看我？

何处才能和你一同呼吸一点较自由的空气呢？要是我能忘了你，我一定忘了你，友谊如果一定要立界限，这种友谊是不卫生的。我灰心。

有便，也许仍然让我来杭州看你吧，男孩子是不怕什么的，只要你不怕我的话。我问你，你是不是因为我是个“男的”而有些怕我呢？祝福你吧！

照不到阳光见不到一张亲切的脸的你的绝望的朋友

从未像爱你一样爱过一个人

小妹妹：

你那里下雪，我这里可是大晴天。如果你肯来上海，那么我就不来杭州了，我最怕到杭州来的理由是要拜访老师。而且到十五六里，我的钱又要用得差不多了。

我不准你比我大，至少要让我大你一岁或三个月。要是你真比我大，那么我从今后每年长两岁，总会追及你。明天起我就自认廿五岁，到秋天我再变成廿六岁。其实我愿意我的年纪从遇见你以后才正式算起，一九三三年的秋天是我一岁的开始，生日待考，自从我们离别以后，我把每个月算作一年(如果照古老话一日三秋，那是太过分些)，如是到现在约已有三十个月，因此我现在已满三十一岁。凡未认识你以前的事，我都愿意把它们编入古代史里去。

你在古时候一定是很笨很不可爱的，这我很能相信，因为否则我将伤心不能和你早些认识。我在古时候有时聪明有时笨，在第十世纪以前我很聪明，十世纪以后笨了起来，十七八世纪以后又比较聪明些，到了现代又变笨了。

我从来不曾爱过一个人像爱你那样的，这是命定的缘法，我相信我并不是不曾见过女孩子。你真爱不爱我呢？你不爱我，我要伤心的，我每天凄凄惶惶的想你。我讨厌和别人在一起，因为如果我不能和你在一起，我宁愿和自己在一起。

暂时搁笔，你笑我傻也随你。愿魔鬼保佑我们，因为他比上帝可爱一些。

伊凡叔父　六日午

不要骂我，虽然你从未曾骂过我

清如：

要是你和我结了婚，或者你做了我的母亲，我相信我每天要挨你的骂。这并不是说你是那样凶，实在人家见了我不由不生气，我自己也每天生自己的气。

其实你并不曾骂过我，但每回你的信来了的时候，我总害怕这回你要骂我了。其实你仁慈得像菩萨一样，然而我总有点怕你。这理由我想我可以解释。大凡在一个凶恶的后母手下的孩子，他对他的暴君的感情初时是畏惧中杂着憎恨，等到被打过的次数加多以后，就没有畏惧而只有敌意的憎恨和反抗了，越打他，他越不怕。但在慈母手下的孩子，则她的一颦眉一板脸就会使他心慌。

顶令人气闷的是等放假，尤其是放假前的第二天，到处是那样无聊。又盼不到信。

我有一本外国算命书，今年我的流年：岁首有重大消息，须作一次大冒险，但结果意外美满 (news of Al importance early in 1936, a big chance will have to be taken, but reward will surpass all expectation)。如果你告诉我你的生年月日（阴历的我能推算作阳历），我也可以告诉你今年的流年。

无聊，不要骂我！

朱　十九

曾允许你今天不写信，故写昨天的日期。

我不知道为什么你会是这样好

清如：

你说话很可怪，好像以为我是无所不怪似的，你不来看我我也要怪你，你来看我我也要怪你。如果我真是这样，那么你这人岂不难做得很。

毕业论文这时就要担心起来，很像个好学生。这题目容易不过，二十天便可以完成：

第一天：看较详尽的文学史，获得轮廓（如已知道，则这一天可以白相)。

三十分钟

第二天：搜集主要的参考书（不须过多，遇疑惑有问题时才再去找别的书)，包括：

1. 关于此题之重要论著

2. 各家传记

3. 文集　　一点半钟

第三、四、五天：略览各书。　　每天四小时

第六天：拟制详细大纲，大概分四部分：　　　　　一点钟

1. 叙论（历史的背景，二派产生以前及当时的文坛状况，二派之主要标榜等）。　　　　　三千字

2. 分论（各论二派之渊源流变，代表作家作品及其影响等）。　　　　　六千字

3. 合论（比较二派之得失短长异同之处）。　　　　　四千字

4. 批评（用现代的眼光评论二派之主张及其在文学史上之意义等）。　　　　　二千字

第七天：休息，远足至龙井品茗。

第八至十四天：按大纲写论文（每日工作三小时，约写二千五百字）。

第十五天：复阅补漏。　　　　　五小时

第十六至十八天：托人誊清，自己休息，以每日写五千字计，三日完工。二份可请二人写。甲抄上半篇时乙抄下半篇。

第十九天：作最后之审阅，交卷。

第二十天：西爽斋请客表示庆祝。

这样还是认真的办法，叫我弄起来，那么省去了打草稿的时间，一路看书，一路定大纲，一路写下去，一星期也够了。

如果我想吃你，你肯不肯给我吃呢？

愿蚊子不要咬你，咬我。

一日

一接到你的信，我便精神百倍，什么都有了兴致。我不知道为什么你会是这样好的。

这封信不要给宋清如看

好友：

今天宋清如仍旧不给我信，我很怨，但是不想骂她，因为没有骂她的理由，而且我也不是女人。宋清如好像是女人，你是不是女人我有些莫明其妙。

今天中饭气得吃了三碗，肚子胀得很，放了工还要去狠狠吃东西，谁教宋清如不给我信？

我告诉你我爱宋清如，随你说我肉麻，说我无聊，说我臭，说我是猪猡驴子猢狲夜叉小鬼都不相干。

这两天有一张非看不可的电影，因此虽然有种种不方便，昨天终于偷偷地去看了，LONDON FILMS [①] 出品，RENE CLAIRE [②]，法国的宗匠，导演，剧旨是"没落的旧浪漫主义对于新兴的俗恶的现实主义的嘲笑"，这句话抽象不抽象？片名是《鬼往西方》，故事是一个美国商人买了一座鬼祟的苏格兰古堡，整个儿拆卸下来载回美国重新盖造，把那古堡里的鬼也带了去了。纽约的好奇群众热烈地欢迎这个鬼，新闻记者争着摄影，而商人因此得到 publicity[3]。搬来的古堡落成以后，里面装置着摩登的设备，一切的不三不四使这鬼头痛……我没有讲完这故事，后半部鬼出现的最精彩的部分也是嘲笑最犀利的部分完全给检查会剪去了，以至看下去很有支离之感。可笑的是片中的鬼本来是真的鬼，说明书中说那是剧中主人公的假扮，原是避免不通的检查诸公的注意，因为要是说那是真的鬼，就变做"宣传迷信"，不能开映了，于是大家都上了当，以为那个鬼是假扮的。报上的影评也是这样说，这种人真没有资格上电影院。

高尔基死，鄙人大有独霸世界文坛的希望。

这封信不要给宋清如看。

十九

注：① LONDON FILMS：伦敦影片公司。

② RENE CLAIRE：雷内 · 克莱尔。

③ publicity：名声、知名度。

你这个人，怎能叫我不疼你

你这个人：

我劝你以后莫要读中国书了，是一个老学究才会给我取“元龙”那样的名字，为什么不叫我“毛头和尚”“赤老阿二”“大官”“赛时迁”“混江龙”“叮叮当当”“阿土哥”“小狗子”呢？

请给我更正：《暴风雨》第二幕第二场卡列班称斯蒂芬诺为“月亮里的人”；又《仲夏夜之梦》最后一幕插戏中一人扮“月亮里的人”。那个月亮里的人在一般传说中是因为在安息日捡了柴，犯了上帝的律法，所以罚到月亮里去，永远负着一捆荆棘。原译文中的“树枝”请改为“柴枝”或“荆棘”。后面要是再加一条注也好。

你要是忙，就不用抄那劳什子，只给我留心校看一遍就是。你要不要向我算工钱？

你不怎样忧伤，因此有点儿忧伤。上次信你说很快乐，这次并不快乐，希望下次不要更坏。你知道我总是疼你的。

卡列班[①]　十四

注：① 卡列班（Caliban），莎剧《暴风雨》中的丑角（巫婆所生的怪物）。

在我的心里你是伟大[1]

好宋：

真的我不怪你，全不是你错，无可如何才怪你，但实在是不愿怪你的，遇到这等懊恼的事，暂时生一下子气，你会允许我的吧？我不曾骂你，是不是？你不要难受才好。我愿意听话，永远待你好。

说，愿不愿意看见我，一个礼拜之后？抱着一个不曾弥补的缺憾，毕竟是太难堪的事，让我再做一遍西湖的梦吧，灵峰的梅花该开了哩。你一定来闸口车站接我，肯不肯？我带巧克力给你吃。这回手头大充实，有五十多块钱，另外还借出十八块，虽然年节开发，买物事回家，得用去一些。

其实从北站到我处一段路，也并不怎样难走，远虽是远。只须坐七路提篮桥电车到底，就没有多少路。如懒得问，黄包车十来个铜子也拉到了。寓所就在 office[2] 转角。原该早告诉你的。

今后再不说诳话欺骗自己了，愿意炼成一个坚强的钢铁样的信心，永远倾向着你，当我疲倦了一切无谓的游戏之后。我不愿说那是恋爱，那自然是比恋爱更纯粹的信念。我愿意懂得“永恒”两字的意义，把悲壮的意味放入平凡的生活里，而做一个虔诚的人。因我是厌了易变的世事，也厌了易变的自己的心情。

你并不伟大，但在我心里的你是伟大的。

给你深深的友爱，我常想你是比一切弟弟更可爱的弟弟。

朱　九日傍晚

注：① 此信也写于 1934 年 2 月 9 日。估计当天收到了宋清如的来信，所以晚上又写一信。

② office：办公室。

卷五

祝我夜夜好梦 一个梦里有一个你

像流星的光辉，
照耀我疲惫的梦寐，
永远存一个安慰，
纵然在别离的时候。

只有你是青天一样可羡

清如：

昨夜我做了一夜梦，做得疲乏极了。大概是第二个梦里，我跟你一同到某一处地方吃饭，还有别的人。那地方人多得很，你却不和我在一起，自管自一个人到里边吃去了。本来是吃饭之后，一同上火车，在某一个地方分手的。我等菜许久没来，进来看你，你却已吃好，说不等我要先走了，我真是伤心得很，你那样不好，神气得要命。

不过我想还是我不好，不应该做那样的梦，看你的诗写得多美，我真欢喜极了，几乎想抱住你不放，如果你在这里。

我想我真是不幸，白天不能困觉，人像在白雾里给什么东西推着动，一切是茫然的感觉。我一定要吃糖，为着寂寞的缘故。

这里一切都是丑的，风、雨、太阳，都丑，人也丑，我也丑得很。只有你是青天一样可羡。

这里的孩子们学会了各色骂人的言语，十分不美，父母也不管。近来哥哥常骂妹妹泼婆。妹妹昨天说，你是大泼婆，我是小泼婆。一天到晚哭，闹架儿。

拉不长了，祝你十分好！六十三期的校刊上看见你的名字三次。

朱　初三

爱你像自己生命一般[①]

宋：

心里说不出的恼，难过，真不想你竟这样不了解我。我不知道什么叫作配不配，人间贫富有阶级，地位身份有阶级，才智贤愚有阶级，难道心灵也有阶级吗？我不是漫然把好感给人的人，在校里同学的一年，虽然是那样喜欢你，也从不曾想到要爱你像自己生命一般，于今是这样觉得了。我并不要你也爱我，一切都出于自愿，用不到你不安，你当作我是在爱一个幻像也好。就是说爱，你也不用害怕，我是不会把爱情和友谊分得明白的，我说爱，也不过是纯粹的深切的友情，毫没有其他的意思。别离对于我是痛苦，但也不乏相当的安慰，然而我并不希望永久厮守在一起。我是个平凡的人，不像你那么“狂野”，但我厌弃的是平凡的梦。我只愿意凭着这一点灵感的相通，时时带给彼此以慰藉，像流星的光辉，照耀我疲惫的梦寐，永远存一个安慰，纵然在别离的时候。当然能够时时见见面叙叙契阔，是最快活的，但即此也并非十分的必要。如果我有梦，那便是这样的梦；如果我有恋爱观，那便是我的恋爱观；如果问我对于友谊的见解，也只是如此。如果我是真心地喜爱你（不懂得配与不配，你配不配被我爱或我配不配爱你），我没有不该待你太好的理由，更懂不得为什么该忘记你。我的快乐即是爱你，我的安慰即是思念你，你愿不愿待我好则非我所愿计及。

愿你好。

朱　廿四

注：① 此信件上宋清如注：三三年，即 1933 年。

只愿为了你做一个诗人

小姊姊：

你好？我……没有什么，很倦，又不甘心睡，也不愿写信。

家里有没有信？我希望你母亲早已好了。

又一星期过去，日子过得越快，我越高兴。我发誓永不自杀，除非有一天我厌倦了你。

每天每天你让别人看见你，我却看不见你，这是全然没有理由的，我真想要你喂奶给我吃。

有人说我胖了，我完全不相信，你相信不相信？你现在生得是不是还像我们上次会面时一样？也许你实在很丑也说不定，但我总觉得你比一切的美都美，我完全找不出你有任何可反对的地方，我甘心为你发痴。

如果你不欢喜我说这样话，我仍然可以否认这些话是我说的，因为我只愿意说你所喜欢听的话。

我是属于你的，永远而且完全地。愿你快乐。

专说骗人的谎话者　十一夜

如果我想要做一个梦，世界是一片大的草原，山在远处，青天在顶上，溪流在足下，鸟声在树上，如睡眠的静谧，没有一个人，只有你我，在一起跳着飞着躲着捉迷藏，你允不允许？因为你不允许我做的梦，我不敢做的。我不是诗人，否则一定要做一些可爱的梦，为着你的缘故。我不能写一首世间最美的抒情诗给你，这将是我终生抱憾的事。我多么愿意自己是个诗人，只是为了你的缘故。

我爱你爱得那么厉害

昨夜醒来听雨，一阵朦胧之后，重又做起梦来，大凡清晨的梦总是更纷乱，我也不大记得起来了。记得我是睡着，梦魇了，一样东西打胸口上压下来，喊，喊不出，一只脚还竖起着，要伸直都不可能，这原是常有的现象。于是我觉得一些人走了进来，姑母说，你看他这么好睡，要来揭被，我全知道，我在十分梦魇，他们说什么做什么我都知道，无奈撑不起身来。终于醒了转来，我说你们做什么我都知道，我说我在睡着的时候什么事情都知道，如果今晚这窗前月亮亮，我睡着也可以看见。仿佛我的眼睛盲了。仿佛我忽然想要问你一句话，我死了之后，你肯为我流泪不？仿佛我真要死了。我说，如果我们是生在不科学的时代，或者可以相信灵魂不灭，而期待着来生，但现在是什么都完结了，我不愿意死，因为我爱你爱得那么厉害。仿佛我读到你的同平常一样的亲切的信，但不是在我将死的状态中了，我要写回信——于是我写了这些。

梦见你，最伟大的笑[①]

昨夜我在梦里大唱其歌，嗓子吊到半天高，被誉为 the world's greatest tenor [②]。学校开学的第一天，我从头龙头下山吃饭去，遇见宋清如和那位 inevitable [③] 的某小姐以及另外一位杜撰出来的女士从宿舍里出来，我对宋清如说："瞧你简直像个鬼。"因为她满面孔跌破抓碎，贴满了橡皮膏和布片，面色又黄又老又难看，见了怪教人心疼，禁不住要爱她，这是 love at first sight，中文译为一见倾心，于是我 play the gallant [④]，说："一同吃饭去好不好？"她贼忒嘻嘻地犹豫不定，心里是答应的，但是因为嘴里太干燥，说不出话来。那两位密斯见机说："我们少陪了（让你们去 play donkey [⑤] 吧）。"我说大家一块儿去吃饭又有何妨，假使你们小气不肯请客，就各人自会钞也罢。她们说不用客气了，于是带着一副贼腔去了，少不了做个鬼脸，以及笑那种女人特有的笑，那种笑既不是场面上应酬敷衍的笑，也不是中心发出来的愉快的笑，又不是因为感到发松有趣，胳肢里被 tickle [⑥] 了的笑，乃是一种根本不必笑的笑。

你——不是你，我说的是宋清如，真腼腆得可以，大学教育不知教了她些甚么，于是我也只好红红面孔，陪着她慢步金莲地走着，心里只想有机会把她作弄一下，虽则未免太罪过。嘿！这顿饭吃得可真写意，每人坐一张桌子，因为菜蔬太多，一桌子放不下。刚要吃之时，幕布便拉拢了，休息五分钟，我说这种电影我不要看了，于是出去做 the world's greatest tenor，可惜你——她没有福气听我唱，唱到最高的地方，力竭声嘶，变成了猫叫，听众大拍其掌，我觉得非常荣幸。

我有没有告诉你过，有一次我梦见宋清如，她开始是向我笑，笑个不住，后来笑得变成了一副哭脸，最后把眉毛眼睛鼻子嘴巴都笑得变动了位置，最后的最后满面孔都笑得面目模糊了，其次的最后脸孔上只有些楔形文字，这是我平生所看见的最伟大的笑。

我真爱宋清如。

元始天尊

注：① 此信原件上宋清如注：1935 年 3 月。

② the world's greatest tenor：世界上最伟大的男高音。

③ inevitable：不能躲避。

④ play the gallant：献殷勤。

⑤ play donkey：做傻事。

⑥ tickle：挠痒。

想你是不是你传给我的毛病

姊姊：

我叫你姊姊你难不难为情？

为着想你得很，我没有心思工作，先写了这封信再说。《鲁滨孙漂流记》真比莎士比亚还难翻，又没趣味又单调，又要一个个字对照着译。

这几天来我也心思很不安定，人倦得睡不醒来，也许是你传染给我的毛病。

昨夜我梦见天上有许多月亮，大的小的圆的缺的，很好看，我叫你看，你却不要看，并且硬要争辩蛾眉月的“蛾”是一种蝎子，我气得想要擂你一顿。

想来想去还是亚当夏娃最快乐，虽然逐出了伊甸园，整个世界都是属于他们的，等到第二代，该隐就要杀亚伯了，因此合理的世界，只能有两个人，不多也不少。

我希望你不要苦，要是你受了委屈，就向我出出气好了。

昨天在外面荡了一天，一点不快活，我真想吃点真好吃的东西。星期日你是怎样过过的？

要是有那么一个好地方，我们在一起静坐半天多好。每天每天看不见你，真使我心痛。

我待你好。

如　十四

(我姓洪，名水，字淡如好不好？)

梦你做新娘，送你大鳗鲡

有一夜，我梦见你做新娘，你猜我送你什么礼物？我送给你一条大鳗鲡（写了这两个字才觉得这东西确实有一个很好的名字，你瞧，除去了鱼旁不便是一个漂亮的洋化的女人名字）。本来我很高兴地赶来吃喜酒，以为你会接待我，然而你哪里有工夫，一句话都不曾对我讲。我很懊恼此行，身上的一件长衫背后又破了一个洞，怕被人见笑，于是一个人上三层楼看火烧去。醒来尚有些悲哀。

吉诃德先生已看了八分之六（六百页），第二部较第一部写得好。昨天看了两本小书，《日本近代小品文选》和《夏目漱石集》。所谓《夏目漱石集》实际只有一篇《哥儿》（已看过了的），一篇《伦敦塔》，和一篇序跋文。可看的也就是那篇《哥儿》而已，因此把它重看了一遍。

下星期日是一定要家里去走走了，这星期日不预备出去。我已定下紧缩政策二十条，今后每月零用只准用十五块钱（连书籍及日用必须的在内）。

我非常绝望而苦恼。

愿你好。

雨

凡不爱你的人都是傻子

好人：

昨天梦你到嘉兴来玩，我爱你，凡不爱你的人都是傻子。在我的心中眼中以及一切感官中，你都是美到无可言喻。

天这两天变凉了，我毫无意见，随它冷热，都与我无干。

前天买了一本有趣的旧西书，“House-boat on the Styx ①”，Styx 是通阴阳两界的河名。其中当然尽是些鬼话，荷马莎士比亚孔夫子伊里沙伯女王哈孟来特拿坡仑华盛顿等等都在一起清谈口角，最被挖苦得厉害的是 Dr.Samuel Johnson ②。书的作者是完全无名的，出版于一八九零年。莎士比亚和约翰生博士争论莎士比亚戏曲是否莎士比亚本人所作，不能解决，去问 Francis Bacon ③，Bacon 说是他作的，莎士比亚是他的“打字员”，因为稿子由他打字，便冒认为己作，一个连自己姓名都弄不清楚（莎士比亚的亲笔签名式共有六七种不同的拼法，后来有一位先生著过一本书，发现这个名字一共可以有四千种拼法！）的人，怎么会著出 Hamlet[④] 来呢？老莎大发急，再去问 Sir Walter Raleigh[⑤]，Raleigh 笑笑说："Hamlet 既不是培根做的，也不是老莎做的，那作者正是我哩。"莎士比亚说："怎么，莎士比亚的作品都不是莎士比亚作的，那么究竟有没有我这个人呢？"又有一个笑话，一次莎士比亚回到阳间去，在伦敦登台演 Hamlet，大受批评家的白眼，说他完全不懂莎士比亚。一晚他们举行讲故事会，预先派定约翰生博士做主席，因为他这个人惯会刻薄人，要是叫他等别人说过后插入一两句批评，那是非常够味的，但要他自己讲起来，便三日三夜讲不完，冗长得叫人异样头痛。第一个立起来讲的是 Goldsmith[⑥]（他是个不会讲话的人），红红脸孔说了一些反反复复的话，便说要宣读《威克斐牧师传》前五个 Chapter[⑦]，大家急了起来，主席先溜走了，关照从者等他读完了来唤他。还是拿坡仑和威灵顿公爵商量出一个办法，假装因旧恨而吵闹起来，把会场闹得一塌糊涂，才避免去 Goldsmith 的读《威克斐牧师传》。拿坡仑问 Frederick[⑧] 大帝有没有读过 Carlyle[⑨] 所著《Frederick》传记（一部卷帙浩繁的著作），他说不曾，因为没有工夫，拿坡仑说你现在永生了，尽管读到 eternity[⑩]，难道还没有工夫？他说，你读了三四页便知道了。

让我亲亲你，让我爱爱你，无数的肉麻。

朱儿 三〇

注：① House-boat on the Styx:《冥河中的船屋》。

② Dr. Samuel Johnson：塞缪尔·约翰逊博士，18 世纪英国作家和文学批评家，曾编著《莎士比亚戏剧集》。

③ Francis Bacon：弗朗西斯·培根，英国 17 世纪著名哲学家。

④ Hamlet：莎士比亚著名剧本及剧中主角名，“哈姆雷特”。

⑤ Sir Walter Raleigh：“沃尔特·雷利爵士”。

⑥ Goldsmith：戈德斯密，18 世纪英国作家，著有小说《威克斐牧师传》等。

⑦ Chapter：章节。

⑧ Frederick：应为 Friederich，腓特烈大帝，18 世纪普鲁士国王。

⑨ Carlyle：卡莱尔，19 世纪英国作家，历史学家。

⑩ eternity：永远。

我的心在辽远的他乡

好友：

昨夜我过了一个疯狂的月夜。

似乎躺在床上生病，一个疯医生走了进来（其实他一点不像是个医生，不过说明书——我的梦有说明书的——上这样写着，而且由 Peter Lorre——最近一张恐怖影片的主角，但我并不曾去看——扮演），把我连被褥一起卷起来挟在肋下，挟到另一间房间里。我想他以为我快死了，所以把我送到太平间去。后来一阵昏惘中他出去了。有几个人跑进来，一看见我都吓得大叫起来，我很奇怪，照照镜子，我的脸平平常常，没有什么可怕的地方，转过头来一看，才见我的枕上有一个黑鬼的头。后来那个“疯医生”又要来了，我连忙去把门闩上将身子抵住，他在外面尽力轰着，像牛一样喘着气，门不很牢固，我气力又不支，这情形很尴尬。可是月色非常好，他在外面唱起歌来了，唱的词句是英文，很短，只两三句，大意是：

月亮很亮，我很寂寞，

我的心在辽远的他乡。

他唱了一遍，我也和了一遍，一唱一和了好多次。外头常有一些人走过，渔夫水手之类，他见了他们便说："我有一个伙计，不肯跟我跑，请你们帮忙把他拖出来。"他们听见这话便回答："你丢了他好了。"我把门微开觑了觑，他便冲了进来，跟我扭作一团，咬我抓我，我嘴里 pooh pooh ① 地嘶喊着，于是醒了。

中秋的月不如晚秋的月，中秋的月太热闹，应该是属于天伦团聚的家庭或初恋的恋人们的，再过一两个月的月亮，才是我们的月，游子的月。因为昨天拿到了几块钱，今晚已答应自己去看一部好影片，《满城风雨》，照题目是应该在重阳节映的。

愿你珍重。

朱

注：① pooh pooh：英语象声词，"扑、扑"。

我想我不会有那么好的福气梦见你

一九三五年一月廿三晚间

今天曾到什么地方走过？

四点半因为寄一封信出门去，茫然地坐 Bus[①] 到外白渡桥下来，抄到北四川路邮政局前，摊头上买了一本《良友》（不好，印刷也大退步），旋即回来，总之，做人无趣。

刚才吃过夜饭吧？

是的，今夜饭菜有鸡、虾、咸肉等，虾是二阿姨从常州带来的，伯群先生也在座，看样子他们的婚期就在最近，青春过了的人，对于这种事，除了觉得必要这一个思想外，不会感到怎样的兴奋吧。总之，人生不过尔尔。

请问，足下对于婚姻的意见。

这是个无聊的发问。我只觉得看着孩子们装新郎新妇玩是怪有趣的，变成真事就没趣。总之，浮生若梦。

感慨很多吧？

没有什么感慨。有一个朋友因放学需钱，要向我告借五块，有趣得很，端整的钢笔字写了满一页，开首是寒暄，于是说我心性倾向悲观，应当怎样求解脱，念佛修行……

是不是开玩笑的写法？

不，完全是一本正经的，他是个古怪的佛教徒。于是借钱。钱我借不出，五块钱是还有，预备留在身边。去年他也向我借过五块，那时正是闹裁员欠薪，我一块都没有，好容易设法寄了他，不但不还，收到后回信都不给。在现在懒得一切的心情里，像煞有介事的写复信去给他声明苦衷兼讨论大乘教义的事，也只能作罢了。一切有为法，如露亦如电。

今天晚上预备如何消磨？

可怜也，本想一头钻到被里翻旧的外国杂志看，可是心里觉得怪无可如何的，想写信给澄哥儿[②]。

他今天没信来吗？见了相依为命的母亲的面，该是怎样的悲喜交集吧。

今天望了一天信，只要知道他平安快乐就好了。做人有什么办法，不要见的人天天混在一起，心里欢喜的人一定要盼呀盼呀才盼到一天半天或者几十分钟的见面。

得了，你有那么好的一个朋友，岂不应该心满意足了吗？这世上，寂寞的人，心灵饥饿的人，是多到无可胜计哪，比之他们，你算是特别幸福的了。

(受了恭维，很快活) 所以，我总不承认我是 pessimist[③]。

你现在希望什么？

容我思索一下。希望生活有些满意的变化，这是 uncertain[④]。最远一个希望是死，永久的安息。比如拍电影，这是远景，把镜头尽量推近，一个可能的希望是不久能再看见我的朋友（你知道我说的是谁）；再推近，一个半身景，这希望是快些放阴历年假；再近，一个面部的特写，是希望最近的一个星期日。

近来看过电影没有？

正式看过的只一张《国际大秘密》，片子不坏，人材不差！但趣味不浓厚，是美国式的俄国革命影片，其中的列宁扮得很像。中央电检会通过准映，但今天报纸上又载重新禁映了，不知什么理由。其实是非常灰色的一张。

领教领教，现在预备写信了吧？

不，算了。今晚一定早点睡。

那么再说，愿你今夜有个好梦。

看见宋吗？我想我不会有那样福气。

注：① Bus：公共汽车、巴士。

② 澄哥儿：指宋清如。

③ pessimist：悲观主义者。

④ uncertain：不确定的。

我不怕我自己，我顶怕你

清如：

真的是满城风雨，外面冷得令人发抖，雨不单是从天上落下来，还要从地面上刮起来，全身淋湿在雨中（伞当然是撑着的），风可以把你吹倒，真令人兴奋。回到斗室中，那么温暖！无月的中秋是可爱的。

——昨夜

今天大家嚷冷，有人夹袍戴草帽，有人夏布长衫内罩绒线背心，无奇不有。冷我是欢迎的（你当然也赞成），可是这一下太突然，多多珍重玉体吧。

秋是最可爱的季节，因为她是最清醒的季节，无论春夏冬，都能令人作睡眠的联想，惟秋是清醒的。

我怕一切人，我顶怕你，我可不怕我自己，我高兴的时候，我爱爱他，我不高兴的时候，我虐待虐待他，有时完全把他当做一个不相干的人，他发痴，他被你吃瘪，都不关我事。

昨夜又做梦，你不了解我，我伤心。滑稽总归是滑稽，了解这两字的意义我就不了解，我也从不想了解我，我也不曾了解你。

祝我的爱人好。

吃笔的家伙——今天

我一刻也不愿离开你

二哥：

星期日，今天我比平日早起半点钟，开开窗，先让外面的冷风洗我那留着泪痕的脸，默默地回味着甜蜜而感伤的梦境，感觉到真正的幸福。

因为昨夜我曾梦着你，梦得那么清楚而分明，虽然仍不免很有些傻气。我是到杭州来了，他们（我不知道他们是谁，但总之是他们）为着欢迎我，特为我开映卓别林的影片，你同着张荃也来了。我很想坐在你的身旁，但是座位都已占据满了，于是他们把我葬在坟墓里，连着坟墓把我扛到你的跟前。我可以隔着坟墓和你说话，但是看不见你，眼前只是一片黑，鼻子里充满了土气息泥滋味，以及自己尸体腐烂的臭味。“我要闷死了！”我痛苦地嚷着，但终于被我挣扎着从坟墓中伸出头来，虽然身体仍然被重压着动弹不得。这是一个颇有象征意味的开头。

后来我们并肩漫步着，我知道这个下午我要离你而去了，心头充满惜别的情调，但我知道这是个宝贵而幸福的瞬间，和你走在一起，更没有别人在旁边，我们好像说了许多话，又好像一句话也不说。我侧过头来凝望你的脸孔，这是第一回我在梦里看得你那样仔细，你并不发胖，但显然不像从前那样荏弱相，肌肤也似乎结实得多了。你的脸是那么明净那么慈爱，像秋之晴空那样地，像春之白云那样地，一个可以羽翼我的母亲，看得我哭了，我眼中并没有泪，但觉得我的全身，全灵魂，都充溢着眼泪，我希望世界赶快在这一个瞬间毁灭，或是像太阳照着雪人一样让我全身的机构一下子碎为粉末，播散在太空中，每一粒粉末中都含有对你的眷恋。我真不知道盈溢在我胸中的，是幸福、欢乐、苦痛、惆怅，或是什么。这些真是我梦中的感觉，并不是此刻为要把信写得动人而随便胡诌起来的。这是三部曲中的第二部，是一首浪漫主义的抒情诗。

后来你到厨房里弄饭菜去了，我因为一刻也不愿离开你，也跟着你去，你瞧我一弄都弄不来，但我尽力帮你的忙，我们一同炒肉丝饭，锅下的火很旺，火焰冲了起来，把我右手中指上烫起了泡，我说：“你看，我手指都烫坏了。”但我很骄傲很满足，你微笑着安慰我。跑出去吃饭，我弟弟们面前都是一碗满满的肉丝炒饭，我却只有一碗白饭，我待要叽咕，你悄悄地对我说：“不要吵，你就吃白饭好了。”我也就很快活地吃白饭了。这一段梦略有写实主义的情调。醒来之后，像是一个蒙了祝福的灵魂，恐怕起身之后会把这梦忘记，因此不住地记忆着每一个琐细的枝节，就像怕考问而温书一样。渐渐记忆有些模糊起来，人也倦了起来，闭上眼睛，好像身子在云端里，要飘起来了的样子，但终于不曾飘了起来。

我不要作你的哥哥，我愿意作你的弟弟。

十二晨

你愿不愿意来我在梦里筑的一座宫堡

澄哥儿：

今天天气很好，心里有点松快，可是又闷得快要闷死的样子，要是身边有钱，一定在家里坐不住。你不知道那个Flaubert[①]多可恶，净是些古怪的生字，叫人不耐烦看下去。唉，我昨夜做的梦真有趣，尸首从床板上跳起来，身上还淋着脓，哎，啧啧，我一看不对，连忙奔下楼。昨天不是我说我多么爱你吗？这种话你不用听就是，因为我怎么能自己知道我爱不爱你呢？天晓得你是多么好！我要是从来不曾读过英文就好了，那种死人工作恨一百年都恨不尽。

今天才初八，还要等你至少一星期，真心焦！唉，我透了一口长长的气。你说我写些什么好呢？我什么话都没有，你只痴痴地张大了眼睛（我说的是你的照相），一句话也不响。要是谁带点糖来给我吃吃就好了。如果我亲你的嘴，你打不打我耳光？我真不高兴，真怨。你房间里冷不冷？情形真是一年坏一年……不说了。

我在梦里筑了一座宫堡，那地方的风景真是好极了，你肯不肯赏光常来玩玩？我特为你布置了一间房间，所有房间中最好的一间，又温暖又凉爽又精巧又优雅。窗外望出去的山水竹树花草，朝晨的太阳，晚来的星月，以及飞鸟羊群，都是像在一个神奇的梦境里。你这间房间我每天吩咐一个美秀的小婢打扫收拾，但别人不许进去一步，即使你永远不来也将永远为你保存着。我真不知道要怎样才好，早早死了就好了，做人真没有趣味。谢谢撒旦的父亲，日子快些过去才好！你已经三十岁，是个老太婆了，实在日子过得真快，我还亲眼看你从娘肚子里一二三开步走地跑出来呢，那时我还是个毛头小伙子，如今老了，不中用了，国家大事被后生小子弄得一团糟，也只好叹口气罢了。总而言之，还是让我以这垂朽的残生爱着你直到死去吧！你是世上最可爱的老太婆。

傻老头子

注：① Flaubert：福楼拜，法国小说家。

有你在一起总值得活[1]

好人：

前晚兄弟来，和他玩了一晚一天，昨天回去时很吃力，因此写不成信。

你很寂寞，如何是好？我又想不出说什么话。

曾经梦和你纳凉夜话（据说我们已结婚了好多年），只恨醒来得太早。我希望我们变作一对幽魂，每夜在林中水边徘徊，因为夜里总是比白天静得多可爱得多。

我想你活不满六十岁，但也不至十分短寿，因为现在已经很老了，是不是？我希望你不要比我先死，但如果我比你先死我也要恨的，最好我们活同样年纪。我很愿我们都活三百岁，无论做人怎样无聊，怎样麻烦，有你在一起总值得活。

这信暂时以此塞责，等我想想过后再写。

我待你好。

鲸鱼　十七

注：① 此信原件上宋清如注：1936 年。

求上帝许我多梦见你几次[①]

清如：

我四日回家去，七日回上海，假使你在那几天里动身，肯到我家里来当然很好。不过我不盼，因为已知道我们彼此的运命是成十字形的，等我在嘉兴的时候，你又会打上海转了。我已不希望再看见你，除非如你所说的，等我讨老婆的时候，你一定会来（虽然你的话也未必作得准），然而为要看见你而讨起老婆来，这终好像有点笑话，而且很不合算，倘使看见你一次了还不够，那么须得把老婆离了再娶过，岂不滑稽？最好还是娶你做老婆，你看怎样？——别怕，我不要向你求婚，但我有了一个灵感，说，你如果到四十岁还嫁不出去，我一定跟你结婚，好不好？如果我到那时还没有死（你也没有死），一定要安安静静地活下去了，现在是只有烦心，娶了妻子会烦死。

你嫁人时候我一定不来吃喜酒，因为我会脸红。喜酒最不好吃，我宁愿两人对酌，吃花生米喝淡酒（最好是甜酒），可以十杯廿杯尽喝下去，一喝就醉太无意思。

总之前途瞻望甚黯淡，绝对悲观，还是求上帝许我多梦见你几次吧。

祝好。

绝望者

注：① 此信写于 1935 年 2 月 3 日。

祝我夜夜好梦，一个梦里有一个你

宋：

风雨如晦，天地失色，我心寂寞，盖欲哭焉。今天虽然盼得你的信，可是读了等于不读，反而更觉肚子饿，连信封才七十字耳，吝啬哉！

不知你玩得算不算畅快？鲰生无福，未能追随芳躅，惟有望墨水壶而长叹而已。

本来我也可以今天乘天凉回家去一次，但一则因为提不起兴致，二则因为钱已差不多用完，薪水要下星期一才有，因此不去，下星期已说定要去，大概不得不去，并非真想去。狗窝一样的亭子间，虽然我对它毫无爱情，只有憎恶，但在这世上似乎是我唯一不感到陌生的地方。

如果你要为我祝福，祝我每夜做一个好梦吧，让每一个梦里有一个你。如果现实的缺憾可以藉做梦来弥补一下，也许我可以不致厌世。

愿你好。

X四日

卷六

讲讲电影
书籍与文学
想想你

一个浪漫的人，
笑与眼泪是随身的法宝，
你如不会笑，
至少还够不上浪漫。

谈谈作品，想想你[①]

宋儿：

有点像是要伤风了的样子，想睡下去，稍为写些。

因为心里十分气闷，决定买书去，莫泊桑已看得不剩几篇了，作为接济，买了一本 Flaubert 杰作集，其中包括他的三个名著，《波瓦利夫人》《圣安东尼的诱惑》和《萨郎保》，和两三个短篇（或者说是中篇）。有点失望，因为其中没有他的名著《感情教育》，篇幅也比较薄，只有六百多页，同样的价钱较莫泊桑少了四百页。不过其中有《波瓦利夫人》出版后因有伤风化被控法庭上的辩论和判决全文洋洋数十页，却是很可贵的史料，那个法官宣告被告无罪的贤明的判决在文学史上是很受赞美的。

法国的作品总是描写性欲的地方特别多，莫泊桑的作品里大部分也尽是轧姘头的故事（写得极美丽诗意的也有，写得极丑恶兽性的也有），大概中文已译出来的多是他的雅驯的一部分，太纯洁的人还是不要读他的全集好。法国的写实派诸大家中，Balzac[②] 和 Zola[③] 自然也是非常伟大的名字，但以文字的技术而论，则未免散漫而多涉枝节，不如 Flaubert 和 Maupassant[④] 的精练。但以我个人的趣味而论，较之莫泊桑的短篇，我总觉得更爱柴霍甫[⑤] 的短篇，这并不是说前者的评价应当在后者之下，而是因为一般而论，我喜爱俄国的文学甚于法国的文学。

出去没有带伞，回来密密的细雨打在脸上，很快意，简直放慢了脚步，缓步起来。

身边还有四块多钱，足够过年！明天或者不出去。等过了新年拿到薪水，决定上杭州来一次（即下星期），你如不待我好则不来。实在照这样子，活下去很不可能。

愿你吉祥如意。

朱儿

注：① 此信原件上宋清如注：1933 年 12 月。

② Balzac：巴尔扎克，法国著名小说家。

③ Zola：左拉，法国著名小说家。

④ Maupassant：莫泊桑，法国著名小说家。

⑤ 柴霍甫：今译为契诃夫。

你应该读读书的

清如：

读来信，甚慰，希望格外珍摄。短短几天，要受跋涉之累，回家去很不值得。能够读读书当然很好，你应该读读书的。

做人是那样乏力的事，像我每天回来，就是要读书，也缺少了精神兴致，心里又是这样那样乱得很，难得有安静的一天。纵是生活比止水还寂寞，感到的只是莫名的疲倦，更恐惧着日子将永不会变样。常常心里的热望使我和你写信，然而每回写时是一个悲哀，我总是希望能告诉你一些新的言语，然而笔下只有空虚。烦杂的思绪，即使勉强表现出来，也是难堪的丑恶。

今天他们去看《姐妹花》，回来十分称赞。我是已经看过了，那是张通俗的伦理片，略带一些社会意义的，演出的技巧很好，对白也清晰得可喜，获得太太小姐甚至于先生们的眼泪，大概不是偶然。在新光里已映了快四十天，哄动的力量，前比联华的《人生》还瞠乎其后。联华的片子，一般的说，在我们眼中虽还有些浅薄，然而已经有不大通俗的地方，《人生》如此，前次看的一张《都会的清晨》也是如此。天一的陈玉梅[①]，我还不曾敢领教过，一般人说她很坏，我只知道她是个难看的女人。

好片子不常有，然而往往容易错过，一张《吉诃德先生》不看很可惜，还有如《Song of songs》[②]，《梵音情侣》等，也是极富诗趣的名构。虽则一些极伟大热闹的歌舞片宫闱片，我并不以不曾看为憾事。

商务里有一批 Modern Library[③]，Every Man's Library[④]廉价发卖，因为身边不多钱，只拣了一本 Swinburne[⑤]诗选，一本《Silas Marner》[⑥]。读书也不容易，像我们简直没福气读新出的书籍。《Silas Marner》照理是应该早已读过了的，况且 George Eliot[⑦]也算是我十分欢喜的人，可是我偏偏不曾读她的这一本代表作。两天工夫读完之后，有点失望，觉得并不像《Mill on the Floss》[⑧]写得好，故事比较简单一些也是一个理由，总之很比不上狄更司。《Mill on the Floss》可真是好，我读时曾流泪，里面的女主角即是著者自己的影子，是一个好强好胜，想像丰富，感情热烈，玻璃样晶莹而脆薄易碎，带着不羁的野性的女孩子，她的恋人则属于很 passive[⑨]的性格，有病态美的苍白少年，带有多量女性的柔弱，逗人怜悯的那种人。故事很长很复杂很错综，而且读了长久也已模糊了，但这情形想起来很动人。在维多利亚三大家中，Eliot 最长于性格描写，Dickens[⑩]描写主角，总不及描写配角的出色，后者的好处是温情和谐趣的融和，以天真的眼睛叙述世故，把一切人都 Cartoon[⑪]化起来，但却不是冷酷的讽刺。文章也许是 Thackerey[⑫]写得好。但小说在英国，无论如何赶不上法国同俄国，像 Flaubert、Turgenev[⑬]一类的天才，英国毕竟没有。

之江图书馆里英文书也是陈旧的多，可以看见近代文艺潮流的简直少得很。我还是喜欢读几本近代戏剧的选集，觉得读戏剧比读小说有趣得多。其实你也该用点功，想法子多看一点外国的东西。这是个人享受上的问题，不一定是为着自己将来的成就。我有一个成见，觉得女孩子特别怕看书，先生指定的东西也许翻得比男孩子格外起劲，但总不肯自己找书读。说是用功也全是被动的。

天又下雨了。

虔诚的祝福！我永不愿忘记你。

朱　廿三夜

注：①“天一”是当时的制片厂，陈玉梅是其台柱演员。

②《Song of Songs》:《雅歌》，《旧约》中的一章，这里是影片名。（《梵音情侣》

很可能是该片的译名)。

③ Modern Library:“现代书库”。

④ Every Man's Library:“人人书库”。

⑤ Swinburne:史文本,19 世纪末英国诗人。

⑥《Silas Marner》:《织工马南传》,小说名。

⑦ George Eliot:乔治 · 艾略特,19 世纪英国女小说家。

⑧《Mill on the Floss》:《弗洛斯河上的磨坊》,小说名,和《织工马南传》均为乔治 · 艾略特的代表作。

⑨ passive:驯顺的。

⑩ Dickens:狄更斯,19 世纪英国小说家。

⑪ Cartoon:即卡通。

⑫ Thackerey:萨克雷,19 世纪英国小说家。

⑬ Turgenev:屠格涅夫,19 世纪俄罗斯小说家。

想把我看的电影说给你听

清如：

恕我又发过一次小脾气，你不怪我？

今天热了起来，要穿单衣了。

告诉你昨天我看过什么电影。吃过中饭，一点半了，到北京剧院看丽琳哈蕙的《龙翔凤舞》，英文名《Congress Dance》，取背景于拿破仑被囚于 Elba [①] 岛之后，奥国权雄 Matternich 所操纵的维也纳会议，述俄皇与维也纳民间女子的一段缱绻。是一本清快的音乐喜剧，带着 opera [②] 的形式，虽然不过是 love story [③]，又有一点政治的意味，却处理得似童话一样美丽，充满令人愉快的诗趣，和一般好莱坞的影片不同。丽琳在这里美极了，俄皇派马车接她，一路上穿过市街，穿过郊野，在车子里小鸟一样唱歌，路上的人都向她欢呼，真是一个美丽的梦。酒肆中的恋情，府邸中的神奇，宫廷中的舞会（亲王贵族们在会议室里，听着乐声，椅子整整齐齐地摇摆起来，终于溜了出去），以及一切人物性格之歌剧化，都有类于阿丽思的奇境。

于是海面起了波浪，拿破仑的黑影在朦胧中出现，一切烟消云散，小女郎立在门边呆望。

接着又到新光瞧《阿丽思漫游奇境记》，毕竟因为太不自然的缘故，还不及在书上念着有趣。在我前面坐着四个女孩子，顶大的也只十二三岁，北方的言语，英文说得很好，看着预告的片子，说《Song of Songs》我看过，有意思ㄐ一·ㄌ④！又说中国片子讲love⑤的不多，《姐妹花》也不讲love。节目上有Hollywood Parade⑥的短片，说那是什么哪，大概是一个一个明星出来一下吧。故事中的什么White Queen，Red Queen⑦，也熟悉得厉害，Uncle William⑧是什么人呀？我奇怪她们懂得这么多。

愿你快乐！不恼我！

注：① Elba：爱尔巴岛，地中海中一小岛。

② opera：歌剧。

③ love story：爱情故事。

④ ㄐ一·ㄌ：汉语旧注音符号，是“极了”的注音。

⑤ Love：爱。

⑥ Hollywood Parade：好莱坞展示。

⑦ White Queen，Red Queen：白桃皇后，红桃皇后（《阿丽思漫游奇境记》里的两张扑克牌）。

⑧ Uncle William：威廉大叔。

无聊碎碎念，只想你同我玩

清如：

快用两句骗小孩子的话哄哄我，否则我真要哭了，一点乐趣都没有，一点希望都没有。今天本想听 concert[①] 去，害怕听不懂，对着那种高贵的音乐一定会自惭形秽，也许要打瞌铳，因此不曾去。你为什么不同我到云栖走走去？看了半张《倾国倾城》的影片，西席地米尔这老头子真该死，可以为他鸣起葬钟来了，表演的没精神，庸劣到无可复加的地步，布景的宏丽，浪费而已，偏有人会称赞它是莎翁的悲剧，该撒安东尼都是一副美国人相，可想而知了。总之一切令人生气，走到杂志公司里，翻到了一本《当代诗刊》，看见了老兄的大作[②]，也有点不高兴。回来头里发昏，今天用去两块半钱。几时我想把桌上的书全搬掉了，对于学问文艺，我已全无兴趣。人家说，原来老兄研究诗歌，一本本都是 poems[③]，滚他妈妈的，我不知把它们买来做甚么，再无聊没有了。

一个心地天真读政治经济的朋友，却有了进入文坛的野心，半块钱一千字的卖给人家，其实他的能力很不高，但没有自知之明，失业，生活都过不去，却慷慨激昂地说："他们有钱，坐汽车，住洋房，浑天糊涂，死了之后，哼哼，谁还记得他们。看，巴尔扎克、莎士比亚、爱伦坡（每回他要向我特别称赞这位美国小说家诗人），死去了多少年，他们的著作留在世上，大名永垂不朽。"谢谢上帝，我不想身后名，汽车洋房，在我看来也不是怎样了不得的有趣，还是让我在一个静悄悄的所在，安安静静地死去吧。

昨天为郑天然到商务里买一本钟先生的《中国哲学史》（又要我挖出两块钱），他们问我什么人做的，我说钟泰，他们说什么钟泰，没有，中国哲学史只有冯友兰的，我翻图书目录点给他们看才去找了来，岂不伤心？回来自己翻了翻，实在也看不下去，住在市侩社会里一些时，这种东西读上去真太玄腐了。这些学者们独善其身，和人群隔得那么远远的，做着孔孟之道的梦，真也有点可笑。秦始皇是快人，可惜他的火等于白烧。

上海批评电影的人有硬派软派，上海的文坛也有近乎如此的分别，实际即是现代和文学，施蛰存和傅东华的对立，后者自以为意识准确，抓住时代，施蛰存现在和叶灵风何家槐一批人都是 typical ④ 的海派作家了。这一个圈子里实在也毫无出路（虽则有许多人是找不到进路），中国不会产生甚么大的文学家艺术家，从古以来多如此，事实上还是因为中国人太不浪漫，务实际到心理卑琐的地步的缘故，因此情感与想像，两俱缺乏。

我很不好，为什么你高兴和我做朋友？你也不好，全然不好，我知道，但我爱你，为什么你不同我玩呢？

兴登堡将军

注：① concert：音乐会。

② 指宋清如发表在《当代诗刊》第1卷第2期（1935年2月）上的童话诗《莉莉是一个从前的女王》。

③ poems：诗。

④ typical：典型。

等来一张需要的牌的心境

宋清如：

我觉得，“小姐”比“女士”不肉麻得多，你以为如何？

“她”字完全是多事；“他对她说”固然明白，“她对她说”岂不仍旧弄不清楚，还要分写作“枕 ”和“ ”？

今晚没事做，因此写信，虽然并不高兴写。

从前星期日也可以整天住在家里，近来老想“到上海去”(在我们这里是这样说的)，太费时间，从提篮桥到抛球场一段电车总得一二十分钟，等车子的时间不算，到法租界去得四十分钟，没有特别的事总不大上算。我最常到的两条路是四马路和北四川路，四马路自然是因为书店的缘故，其实那是最最俗气的一条马路。静安寺路霞飞路[①]是上海最好的两条路了，但我不能常去，北四川路颇有名士风趣，夹在广东人和日本人之中间，有一种说不出的吊儿郎当。南京路是《东方杂志》，四马路是小报，霞飞路是画报，北四川路是《论语》、《人间世》。

昨天一下火车便去看电影，华雷斯皮莱的《自由万岁》，这是张难得的片子，我勉强使眼泪不流下来。虽然以个人的好恶而论，对于这位莽汉型的主角，我并无特殊的好感，如有人所批评的，华雷斯皮莱只能浮面地抓住观众的情感，但不够深刻。这位丑男子的地位评价，总该在 George Arliso, Charles Laughton, Paul Muni, Edward E, Robinson[2] 诸人之下，比小白脸们那自然要高得多了。出来不知天下雨，而且很大，索性到对过金城里去买五角钱票看《新女性》，第八个失望，片子长得异乎寻常，说明书弄了一大篇，我想导演者还算聪明，否则按着中国影片的拖拖沓沓的老毛病推想起来，这么纷繁的头绪准得演上一整天才演得完，然而看下去是多么无精打采啊！同样的题材，《三个摩登女性》确不愧是成功的优秀作，女人除了教训意味太浓之外，也不失为流丽干净。

《新女性》我不知怎么说好，主角阮玲玉[3]饰妓女等之类是成功的，扮女作家真太不像了，表演老是那个“型”，如果原谅她扮这角色的身份不配的话，那么至少得说她一句毫无进步，看她从前的作品要比现在的作品满意得多。人和蝴蝶一样，也越变越难看了。立起身走出的时候，已过七点钟，已经映过整一点钟，照本事的情节看起来，似乎还不过三分之一的样子，叫人打哈欠的东西，谁能耐心这么久坐下去，尽管它的意识十分正确。因此想到《香雪海》的导演手法确值得称赞，虽然是那么庸劣的故事，却是像美丽的小品文一样抒写出来，简单的情节，不多的人物，灵秀的表演，在去年度可算是最成功的一张了。

你会不会玩麻将牌？那并不是怎样有趣的东西，有时会使你非常心烦，但一陷入方阵之后，简直无法摆脱，完全不想罢手了，因此是费时失业的东西，并且能使亲人暂时变为冤家，因赌牌而两亲家母争吵或母女不和，是最普通不过的事。如外国的纸牌之类，如果目的不是为赌钱，只是游戏而已，那不久就会厌倦的，但麻雀牌的魔力要大得多，它需要更复杂的勾心斗角，同时又要看手风牌势，讲命运，各人的个性也最能在打牌时看出来，有的是越输越吵，有的却越输越静，有的迟疑不决，有的当机立断，有的老谋深算，有的粗率卤莽，有的敢冒险，有的讲持重稳健，有的随随便便，有的心无旁骛，洋洋乎大观哉。至于等待一张需要的牌的心境，是和恋人的心境并无二致的。

我常常想不出你所说的看书是看什么一类书。

昨天火车里看见一个年纪很大了的女学生，胖得像猪一般，又有一个瘦得很的中年妇人，面可憎的样子，衔着香烟老走来走去，真不应该有这种女人。我以为林黛玉式的美人在中国还是需要的，与其病态丑或健康丑，那当然宁可病态美。

讲来讲去全是有闲趣味。再会。有人说，宋清如很滑稽。

祝好人好。

朱生豪　九夜

注：① 霞飞路即现在的淮海路，当时属法租界，是比较时髦的一条街。

② 都是当时的一些知名电影演员。

③ 阮玲玉：上世纪三十年代著名女影星，塑造了当时社会中被侮辱与被损害的以及走向进步的各类妇女形象，演技自然细腻，很受朱生豪喜爱，1935 年自杀并留下“人言可畏”的遗书，轰动一时。

读书、吃糖、想想你

爱人：

“爱人”两字是随便叫叫，并不因为我爱你之故。

昨天拿了薪水，便到上海去，先是到中国国货公司买了一张礼券，随后到上海杂志公司，空手而出，终于在开明书店里买了一本《文学季刊》，回来买了各种的糖四只角子，为这心中有些得意，路上发生了两种感想：

一、在书店里，值得我花钱买的书，真是太少了。一天我去买一折七扣的书，三四角洋钱买了厚厚的五六本，计《金瓶梅》四册、《虞初新志》一册、《萤窗异草》一册。实实在在，中国书真太不能引起我的兴趣，我小说读过得太多了，秽亵的作品也看过不少，但《金瓶梅》却不曾看过，这四册，真是太干净了，原来是把本来的样子删净碍目的地方，名之为“古本”，这颇有点滑稽，既然买来原是为看看这一本中国小说的名著，不一定为要看那些那个的地方，所以这一点也就原谅了吧，读过几回之后，彻头彻脑地令人打瞌睡，毫无可取的地方，因此翻了翻就丢了。《虞初新志》，你也许也知道是一些轶事杂文的选录，著名的《板桥杂记》《影梅庵忆语》《小青传》等都在里面，文章有好的，也有全不足取的，没有什么大意思。《萤窗异草》是仿《聊斋志异》一类的书，文笔自然要庸劣多了，从前看过……写得不耐烦起来了，不再说下去，因此你终于不知道我的感想是什么。

我近来吃糖吃得太狠，有时我想像吃的是你的耳朵你的鼻头，这样使糖加了一重微咸的味道，因为你不会是甜的。有一种糖的包纸上印着四个"Darling[①]"的字，这种糖大概患神经病和我一样。

今天下雨，放工后肚皮饿得要命，懒得哭，因此不哭了，其实要哭是很容易的，只要闭了眼睛，想：世间没人爱我，大家欺负我，我无东西吃，于是心里一苦，便哭起来了，而另一个我却在一旁嬉笑。

《文学季刊》还是三月中出版的，其中四篇论文，关于皮蓝得娄[②]的，关于福楼拜的，关于乔治桑、巴尔扎克与左拉的，都没甚大意思，安诺德的《论诗》，原文我曾读过。小说中有托斯退夫斯基的《白痴》，可惜未完，皮蓝得娄的戏剧《亨利第四》，我不喜欢，我永远反对一切"哲理"的东西，虽然我承认大艺术家都是大思想家。创作中只有张天翼、靳以两个名字是熟的，张天翼的东西，总很浮浅，少修养，靳以的《洪流》，描写得颇可以，其余是“天三”的《夜渡》最好些。散文中有一二篇很好。没有诗，很满意，我太不愿意读诗了。

我真想把自己用大斧一劈两片。

张飞

你看我苦闷得要疯，我又读了一部法国革命史。

读书有什么意思呢？你如现在停学了跟读到毕业有什么分别？

注：① Darling：亲爱的。

② 皮蓝得娄：今译为“皮兰德娄”，意大利小说家，剧作家。

恋爱至上者，我要恭维恭维你

张荃中毒太深，已无法救治，让她去吧。

我的意见是恋爱借条件而成立，剥夺了条件，便无所谓恋爱，这是“皮之不存，毛将附焉”的道理，因此恋爱是没有“本身”的。所谓达到情感的最高度，有何意义呢？聪明人是永不会达到情感的最高度的。究竟你仍然是一个恋爱至上论者，把它看得那么珍重。

不懂得说懂得，是现代处世唯一的吹牛要诀，未读过经济学 ABC 的侈谈马克思《资本论》，不是顶出风头的人吗？五千年前孔先生的说话居然还会引用，可见你头脑陈腐。

因为你不喜欢恭维，我得恭维恭维你。你是娇小玲珑（这属于别人的批评）的富家小姐，性情既温良，人又聪明又有才干，因此不必失望，更不用痛哭流涕了。心跳两字非我妄造，因曾听你说起过，为着鲰生某次的一封信。

情书我本来不懂，后来知道凡是男人写给女人或女人写给男人的信（除了父母子女间外），统称情书，这条是《辞源》

上应当补入的，免得堂堂大学生连这两字也不懂。

阮玲玉之死，足下倘毫不动心，何必辱蒙提起？她死后弟曾为她痛哭七昼夜。

假如我说，我因为知道你不喜欢恭维，而故意和你反对，借为反面讨好的手段，你将作如何感想呢？

郑天然只送过我一张画片，如果我是女人，当然非吃醋不可。

咳嗽了几天，昨天真的病了，幸而没有死，今天仍照常办公，虽然不很写意。

愿你好。

朱朱

明明是我写给你的信，却要自解为 X 写给 Y，未免有点“Ah Q-ish[①]”，假如不作那样想，你会怎样生气呢，请教！

注：① Ah Q-ish：阿 Q 精神。

说梦、谈男人、讲小说

宋神经：

叫你神经是因为你又要说甚么凋谢的花醒了的梦一类话，再讨厌不过了。我也知道你不是诗人，但不是诗人就不该说这种诗话。我说花落了之后更好看了。至于醒来而能把梦记忆清楚，我认为是一种快乐；要是忘记了，根本已无此梦，当然无苦痛可感。你东西吃完了之后，也会感到一阵空虚而流起泪来吗？这当然是滑稽的。一个人不能老是吃东西，因为肚子会胀，美味也会失却它的味道。同样一个人也不能老是做梦，因为老做下去会做厌的，会使心灵不消化。但人不能不做梦，正如不能不吃东西一样，做梦吃东西，同样是使人生丰富的力量。

大凡一个标准男人，必有三个或三种不同型的女性做他爱慕的对象。第一个是远胜于他自己的，有时不一定实有其人，如果他的理想太高的话；对于她他将敬而远之，避免一切世俗的来往狎昵。第二个是差不多和他差不多好坏的，他把她作为亲密的朋友。第三个是及不上他的，他把她作为妻子。因为男人娶了一个比他自己好的女人，是会杀害他的自尊的，但女人则恒以有一个好的丈夫为荣。因为男人总是要神气神气的，如果在外面神气不起来，不得不碰社会的钉子，在大亨前面低声下气，回家来还要被老婆吃瘪，摆不起臭架子，人生对于他不是有点太惨了吗？

昨夜失眠，因为是礼拜六之故。看杂志上的几篇写一个乡村医生的小说，觉得很满意。一篇写一个污七八糟的贫民家庭里的女孩子，父亲只会喝酒，母亲只会养小孩，那女儿为了服侍她的幼弟而死；一篇写一个被儿媳嫌恶的八十矍铄老妪，因服了过多的药而昏睡过去，被认为已死，然而重新活了转来；都很有柴霍夫风格的幽默与同情。另一篇写一个害肺病的过时的红歌剧女伶，流落在下等哑剧团中，受人姗笑的故事，十分伤感。

今天淡淡的太阳，刮风。

如果你说已经写得够了，那么我就不再写。

你是好人，我抱抱你。

朱　十二

笑与眼泪是随身的法宝

心里气得很，没有吃的，没有玩的，没有书看，没有歌唱，你又没有信给我，如何活得了！

希望希望，我能希望些什么？明天还不是跟今天一样？能够早些老去是幸福，只怕挨那挨不尽的寂寞。

今晚一定要痛哭一场。我不知道你真会不会哭，也许有时找不到哭的题材，但会哭的人是可爱的。不过不应当当人面前哭，要悄悄的哭，而且哭过了要哈哈笑。顶好口袋里塞满糖，一个人走到一处幽静的地方，坐下来想生世中一切曾经过的悲哀，以及将来的可能的悲哀，一直想到自己完全溶入悲哀之中，而哭了起来，然后突然收住泪立起来，把糖塞在口里，唱着歌一路回去。一个浪漫的人，笑与眼泪是随身的法宝，你如不会笑，至少还够不上浪漫。

我所知道的人家对你的批评是说你很“一丫[①]”，这字写不出，只能以拼音代之。这也许更有侮辱的意味，我听了很无可如何。

古人有许多蠢处。莎士比亚写了一百几十首 sonnets[②]，其中一大半是为他所爱的一个男朋友而作，为英文中最有名的情诗。这事本没有什么反常，不过他说他希望他的朋友赶快结婚，好把美丽的种子传下去，说这种话，他完全是一个生物学家，而不像是个诗人。其实这些天才们傻的程度比我更甚。

星期日和人同去看《娜娜》，由左拉小说所改编的电影，俄国姑娘 Anna Sten[③]的第一张片子。看了之后，很失望，因为本来是自然主义的名著，却完全变成了平凡的罗曼斯，导演手法上也没有特殊之点，安娜斯坦的演技虽不差，因剧本的不好（比较的说）也不曾留下多大的印象。罗曼斯的片子我只看过一张好的，那是 Garbo[④]的《Queen Christina》[⑤]，故事是说一个冰雪之国（瑞典）的女王，喜男装，好骑射，不愿结婚，憧憬着自由，因为对于一个西班牙使臣的缱绻，那是代表她对于南国的阳光与热情的渴慕，终于脱去王冠的桎梏，载着被杀的使臣的尸首，到那产葡萄的国土里去了。很够诗意的不是？这是嘉宝自己挑选的她祖国的故事，完全地代表了她的艺术的灵魂的。

注：① 汉语旧注音符号，读 dia（嗲）。
② sonnets：十四行诗。
③ Anna Sten：安娜斯坦，俄国演员。
④ Garbo：葛丽泰 · 嘉宝，瑞典籍好莱坞影视演员。
⑤《Queen Christina》:《克莉斯蒂娜女王》，影片名。

你就说你愿意做快乐的哲学家

星期六读一本辛克莱的《人生鉴》，文章很好，也有许多实用的知识，尤其是关于吃的方面，傅东华译，上海世界书局出版，特为介绍。

昨天看一张影片名《十三日星期五》，英国出品，轻描淡写地叙述了一些平常社会的偶然事件，非滑稽亦非讽刺，而是可喜的幽默。有人以为它的目的是破除迷信，证明十三日星期五并非不祥，真太幼稚了。

早上很好，半醒睡的状态中听见偶然的小鸟声和各种不甚喧闹的人声，都觉得有点可爱。怎样一种人生，如果没有闲暇可享受！

昨夜跑到床上，来不及把电灯熄落，就睡着了，忽然醒来，吓了一跳。

这是星期一所写。

今天读了你两首新诗，不能得到我的赞许。又得到张荃一篇古风，初读上去觉很好，细看之也呒啥[①]。愿上帝保佑世上一切的女诗人们都得到一个美好的丈夫！我不知道张荃为什么突然心血来潮要跟我通起信来，大概因为我很好的缘故，其实我早忘了她了。

Sh[②]……！不要响，听墙角落里有鬼叫！

宋清如顶不好。

IXUYZ　星期二

要是有人问你，你愿意做快乐的猪呢，还是愿意做苦恼的哲学家？你就回答：我愿意做快乐的哲学家，这样可以显出你的聪明。

注：① 呒啥是吴语方言词，出自田汉《回春之曲》，它的意思是没有，没有什么。
② Sh："嘘"的象声词。

❀❀

问题的起点在我而终点在你

妞妞：

你如不待我好的时候，我会要许多花样，比如说拿红墨水写血书，滴几点水在纸上当眼泪，以及拿着救命圈跳黄浦，或宣传要自杀之类，你看好不好？

凡是我问你的问题，在我未问之前我早知道你怎样回答了。为什么你不说“你来也不好，不来也不好”呢？我以为这问题的起点在我而终点在你，所以非得请教你的意见不可。

拿到了五块钱，就上街去，买了一本《死魂灵》、一本《狱中记》、一本《田园交响乐》，都是新近出的好书，看过后就寄给你，目下还余两块多三块不到，大约到这星期日完结。不过我已写信问家里要钱去了，前两个月曾寄过一百数十块钱回去，因此他们不会骂我的。下个月的薪水大概只有拿一半的希望，听着似乎有点惨，其实对我并无影响，因为第一可以不必寄钱回家去，第二可以名正言顺地暂欠几块钱房租，这样一来，看影戏仍不生问题，因此人生是可乐观的，而中国也不会没有希望。

想到爱国这个问题，我说爱国是一个情感的问题。国民对于国爱不爱全可以随便，不能勉强的，但因为个人是整个国家的一分子，因此必然地他对于他的国家有一种义务，一个好国民即是能尽这种义务的人，而不一定要爱国。因为情感会驱使人们盲目，如果他的国家是一个强国，那么他会变成一个自私的帝国主义者，以征服者自命；假如他的国家是一个落后的国家，那么他会妄自尊大，抬出不值一文钱的“国粹”来自吹自捧，而压抑了进步势力的抬头。如果人人知道他的国家的不可爱，而努力使它变得可爱起来，那么这国家才有希望。中国并不缺少爱国的人，一听到闸北要有战争了，人人变成了“民族主义者”，然而他们的民族主义只能把他们赶到法租界去而已。

我待你好。

你的靠不住的

因为倦得不能工作，所以写信给你

好人：

否则我今晚不会写信的，因为倦得很不能工作，所以写信。今晚开始抄《皆大欢喜》，同时白天已开始了《第十二夜》，都只弄了一点点。我决定拼命也要把《第十二夜》在十天以内把草稿打好，无论如何，第一分册《喜剧杰作集》要在六月底完成，因为我急着要换钱来买皮鞋、书架和一百块钱的莎士比亚书籍。等过了暑天，我想设法接洽在书局里只做半天工，一面月支稿费，这样生活可以写意一点，工作也可早点完成。

今晚我真后悔不去看嘉宝的《茶花女》，其实这本片子我已经在一个多月前看过了（那次好像是因为给你欺负了想要哭一场去的，结果没有哭），而且老实说，我一点不喜欢这种生的门脱儿[1]的故事（正和我不欢喜《红楼梦》一样），但嘉宝的光辉的演技总是值得一再看的。当然她的茶花女并不像是个法国的女人，正和她的安娜·卡伦尼娜并不像是个俄国女人一样。看她的戏，总觉得看的是嘉宝，并不是看茶花女或安娜·卡伦尼娜，这或者是演员本身的个性侵害了剧中人的个性（好莱坞的演员很少能逃出一个定型的支配，即使他们扮的是不同性质的角色，从舞台上来的比较好些）。但无论如何，她的演技的魄力、透澈与深入，都非任何其他女性演员所能几及。

平常美国作品中描写男女相爱，好像总有这么一个公式，也许起初男人大大为女人所吃瘪，但最后女人总是乖乖儿地倒在男人的怀里。然而我看嘉宝的戏，却常会发生她是个男人，而被她所爱的男人是个女人的印象。《茶花女》中扮阿芒的罗勃泰勒，我觉得就是个全然的女人，他的演技远逊于嘉宝，但他比嘉宝更富于 sex appeal[②]。我想这也许是喜爱嘉宝的观众，女性多于男性的一个理由，因为大多数男人心理，都是希望有一个贤妻良母式的女子做他生活上的伴侣（或奴隶），再有一个风骚淫浪的女子做他调情的对手（或玩物），可是如果要叫他在恋爱上处于被动的地位，就会很不乐意。个性强烈的女子，比较不容易有爱人，也是这个道理。

买了四支棒冰，吃了一个爽快。赤豆棒冰好像是今年才有起的，味道很好，可是吃过了冰，嘴里总会渴起来，水壶里又没有冲水，很苦。今年到现在还不曾有臭虫发动，大概可免遭灾。你有没有得好的荔枝吃？我什么水果都不在乎，只有荔枝是命。

我相信你一定寂寞得要命。

批评家是最不适于我的职业，我希望我以后再不要批评任何人或作品或思想，今天说过的话，明天便会翻悔，而且总是那么幼稚浅薄。

要睡了，因为希望明天早点起来好做点工作。

注：①“生的门脱儿”：英文 sentimental 的译音，感伤的。

② sex appeal：性感。

尽力去做，尽力去说，尽力去想你[①]

好友：

秋天了，明天起恢复了原来的工作时间，谢天谢地的。今后也许可以好好做人了吧，第一译莎剧的工作，无论胜不胜任，都将非尽力做好不可了；第二明天起我将暂时支持着英文部的门户，总得要负点儿责任，虽则没有什么大不了的事干。

昨夜睡中忽然足趾抽筋，下床跑了几步，一个寒噤发起抖来，疑心发疟疾了，钻到被头里去，结果无事。

《暴风雨》的第一幕你所看见的，已经是第三稿了，其余的也都是写了草稿，再一路重抄一路修改，因此不能和《仲夏夜之梦》的第一幕相比（虽则我也不曾想拆烂污），也是意中事。第二幕以下我翻得比较用心些，不过远较第一幕难得多，其中用诗体翻出的部分不知道你能不能承认像诗，凑韵、限字数，可真是麻烦。这本戏，第一幕是个引子，第二三幕才是最吃重的部分，第四幕很短，第五幕不过一班小丑扮演那出不像样的悲剧。现在第三幕还剩一部分未译好。

现在我在局内的固定工作是译注几本《鲁滨孙漂流记》Sketch Book[②] 等类的东西，很奇怪的这种老到令人起陈腐之感的东西，我可都没有读过。

你相不相信在戏剧协社上演《威尼斯商人》之前，文明戏班中便就已演过它了，从前文明戏在我乡大为奶奶小姐们所欢迎（现在则为绍兴戏所代替着，趣味更堕落了，因为那时的文明戏中有时还含一点当时的新思想），那时我还不过十二三岁的样子，戏院中常将《威尼斯商人》排在五月九日[③]上演，改名为《借债割肉》，有时甚至于就叫做《五月九日》，把 Shylock[④] 代表日本，Antonio 代表中国，可谓想入非非。此外据我所记得的像《Much Ado about Nothing》[⑤] 和《Two Gentlemen of Verona》[⑥] 也都做过，当然他们决没有读过原文，只是照《Tales from Shakespeare》[⑦] 上的叙述七勿搭八地扮演一下而已，有时戏单上也会标出莎翁名剧的字样，但奶奶小姐们可不会理会。

有时我也怀想着在秋山踽踽独行的快乐。

《未足集》和《编余集》[⑧]，这两个名字一点不能给人以什么印象，要是爱素朴一点，索性不要取什么特别的名字，就是诗集或诗别集好了。

再谈，我待你好。

朱　卅一

注：① 此信原件上宋清如注：1936 年秋。

② Sketch Book :《见闻录》。

③ 1915 年 5 月 9 日，袁世凯为换取日本支持他恢复帝制的阴谋，宣布承认日本方面提出的丧权辱国的“二十一条”，后来这一天被认为“国耻日”。

④ Shylock（夏洛克）和下文中的 Antonio（安东尼）都是《威尼斯商人》中的人物。

⑤《Much Ado about Nothing》:《无事烦恼》，莎士比亚喜剧。

⑥《Two Gentlemen of Verona》:《维洛那二士》，莎士比亚喜剧。

⑦《Tales from Shakespeare》:《莎士比亚故事集》。

⑧ 宋清如曾考虑将她的两本诗集取名为《未足集》和《编余集》，写信征求朱生豪的意见。

和你说说计划，顺便要一个吻[1]

好人：

今晚我把《仲夏夜之梦》的第一幕译好，明天可以先寄给你。我所定的计划是分四部分动手：第一，喜剧杰作；第二，悲剧杰作；第三，英国史剧全部；第四，次要作品。《仲夏夜之梦》是初期喜剧的代表作，故列为开首第一篇。

今天已把所抄的你的二本诗寄出，希望你见了不要生气。

今天下雨，很有了秋意。湖州有没有什么可以玩玩的地方，人家陪不陪你出去走走？除国文外，你还教些什么功课？

《仲夏夜之梦》比《暴风雨》容易译，我不曾打草稿，"葛搭"（这两个字我记不起怎么写）的地方也比较少，但不知你会不会骂我译得太不像样。

虽则你还没开学，我却在盼望快些放寒假（或者新年），好等你回家的时候来看你。民德是不是教会学校？大概是的，我想。我顶不欢喜教会里的女人。

我记住你的阴历生日是六月十八，阳历生日是七月三十一[2]，错不错？

你肯不肯给我一个吻？

愿你秋风得意，多收几个得意的好门生，可别教她们做诗，免得把她们弄成了傻子。

魔鬼保佑我们！

一个臭男人　十七夜

注：① 此信原件上宋清如注：1936 年秋 8 月。

② 实际上，宋清如的阳历生日是 7 月 13 日，这封信里搞错了。阴历生日是对的。

❀❀

你看看我批评的话漂亮不漂亮

亲爱的朋友：

卓别林并不曾给人们以新的惊异，《摩登时代》使我们那些“浅薄的高明者”眩目的地方只是在于它采取了一个“摩登”的题材，事实上是已不新异了的对于机械文明的“讽刺”。卓别林本人颇有一些诗人的素质，但我们的批评家们要尊他是一个思想家时，却未免揄扬过当了。

《摩登时代》中触及了工厂的科学管理、失业、穷困、法律与监狱等等东西，也轻轻地借用一个共产党暴动的场面画了一幅谐画，但在本质上和以前的作品并无不同。如他自己谦恭而老实地所说的，《摩登时代》是“专为娱乐而摄制的”，这中间并没有什么“思想”的成分，而且他也绝不会变成一个社会主义者的同路人，而且我们也不希望他这样，因为我们的却利[①]如果要革命，那他必得抛掉他的可笑的帽子和手杖，改正他那蹒跚的步态，这样无异于说，我们将不再欣赏到我们所熟悉的那个流氓绅士，而那正是我们所要欣赏的。卓别林的贡献只是描写了我们这世间一些有良心而怯弱可怜被人欺负的人的面容和他们的悲哀。他自然是一个人道主义者，但我们不管他这个，我们受他的感动只是因为他那种可以称为艺术的pathetic ② 的笔触。

但我们的批评家们却因为他在最后所说的两句话“Let's buck up, we'll get along ③ ”而以为他具有“前进的意识”，思想上有了进步了。如果这两句话并非不过是两句机械的时髦话，如我们中国的“尾巴主义者”一样（中国的电影制作者们往往欢喜在结局加上一条光明的尾巴，如参加义勇军之类），那么也不过是两句聊自慰藉的话，谁都觉得它们是多少无力。艺术家和商人市侩（在近代这两种人并无冲突）的卓别林是一个成功者，但银幕上的卓别林则永远被注定着失败的命运，即使是艺术家的卓别林自己也不能把那种命运改变过来的。

在《摩登时代》中，卓别林的表演和从前并无不同，但仍一样使人发笑，而观众也就满足了，因为对他我们没有过事苛求的必要。虽然在诗趣的盈溢和充分的sentimentalism上他的《城市之光》更能引人入胜。至于他的反对有声片只是表示与众不同而已，实际上《城市之光》和《摩登时代》都是最理想或最近理想的有声片，虽则不用对白。然而如果事实上不能全废对白，而仍然要用少数简单的字幕写出来的话，我不认为采用字幕是较聪明的办法。

卓别林并不曾给人们以新的惊异，但我们也并不希望他给人以新的惊异。《摩登时代》不曾使我们失望（虽然也许他所得的评价比它所应得的更高一些），至少我们在看这片子里对于生理上心理上都有益卫生的事。

如此如此，你看我批评的话漂亮不漂亮？

后天我可以把我已看完的《萧伯纳传》寄给你，这是本很有趣的书，本书的著者赫里思和萧伯纳同样是一对无可救药的宝货，我比他们中间无论哪一个都伟大得多（这是句萧伯纳式的话）。

大多数的女人都不大欢喜吃甜的东西，这是我对于大多数女人不能欢喜的一个理由，我第一次对吴大姐感到不满就是当她给我吃了一碗不甜的绿豆粥的时候。有许多女人甚至于有绝对不吃甜食的恶习惯，这足以损害她们天性中可爱之处。

我希望你尽可能地多读书，这所谓书是包括除中国古书以外的任何科学的、哲学的、社会科学的、政治经济的、绘画音乐的、宗教的……书。

一个人有时要固执起来是很可怜的，有人很赞成《大路》《开路先锋》一类的歌（那当然证明他绝对没有音乐修养），如果你对他细细说明这两个歌在音乐上毫无价值，他会倔强地说：“但是它们有很好的内容。”但我总看不出它们的内容有什么比毛毛雨更好的地方。

注：① 却利：即查理 · 卓别林。

② pathetic：悲悯的。

③ Let's buck up, we'll get along：让我们振作起来向前进。

我非常口渴，渴念你，祝福你

宋：

今夜我非常口渴。

从前有一个阿 Q 式的少年，某个女郎是他的爱人，但他并不是她的爱人，因此你可以知道他们是一种什么关系。然而他是个乐观的人，他说，她不过是嘴里说不爱我，其实心里是很爱很爱的；因此他非常幸福地生活下去，直到有一天她把他完全冷淡了。他说，真的爱情是渊默的，真的热力是内燃的，而外表像是蒙上一重冰冷的面幕；因此他仍然非常幸福地生活下去，直到有一天她嫁了人了。他说，爱不是占有，无所用妒嫉而失望，而且她嫁人是一回事，爱我又是一回事，她的心是属于我的；因此他仍然非常幸福地生活下去，时时去访候她，直到因为太频繁了而一天被飨闭门羹。他说这是因为她要叫我不要做傻子，既然我们的灵魂已经合成一体，这种形式上的殷勤完全是无谓而多事的；因此他仍然非常幸福地生活下去，直到老死，梦想着在天堂里和她在一起。横竖天堂并没有这回事，只要生前自己骗得过自己，便是精神上的胜利了。我说这样的人，非常受用。

真是从心底里感谢你给我的那两张照片，取景、位置、光线，都很好，那女郎可爱极了，你愿不愿为我介绍？看她的样子很聪明，很懂事，而且会做诗，也许很凶（？）

读书要头痛，最好的办法，就是不读，等不痛的时候再读。可惜你不多跟我在一起，对于应付功课债方面我是顶在行的，在大考的时候，我惯是最悠闲的一个，虽然债欠得比谁都要多。

我不希望你来（不是不要你来），你来我会很窘的。

买了一本《文学月刊》，一本《文学季刊》，其中的小说，模模糊糊看不下去，我说去年一年在小说、戏剧、诗歌一方面都绝少收获，诗歌已至绝路，戏剧少人顾问，小说方面，还有一批能写的人，可是作家一成名，便好像不能再进步了的样子。过时的作家写出来的东西几乎没一篇不讨厌。

前夜去看《风流寡妇》影片，我不曾看过《璇宫艳史》，很抱歉，刘别谦的作品一部也不曾看过，我以为一定是很好的，至少在技巧上画面上，不能怎样说它坏。但希望过奢，不免有些失望。故事不算不发松，不知为什么总觉得很空虚，不似《云台春锁》那样嘲讽得泼辣淋漓。歌舞场面的富丽，则别的影片如《奇异酒店》等中也已见过。希弗莱我本来相当的喜欢的，虽则他不是美少年，这里仍然是他的顽皮。但麦唐纳在任何一方面都不能使我满意，第一她完全不美，不动人，简直有些难看，第二她的表演也是平平，没有出色的地方，歌唱得还好，但不及 Grace Moore[①]。

因此今天 Cleopatra[②] 也不去看了，左右不过是铺张一些巨大的场面，比之《罗宫春色》和以前的《十诫》《万王之王》是较失败的一张，因为缺少情绪上的力量，据说是。附近的小戏院里映《狂风暴雨》，去温了一遍，这类片子才真是百读不厌，而且第二遍比第一遍更满意。

郑 ×× 我看他真没有脸孔活在世上，日本大概不会去了吧？和你的说去北平一样，可是你有你的客观环境，还可以原谅，他赖在家里不知作甚么的。

接受我的渴念和祝福。

朱　六日夜

你一定说我不好，大概已成定谳，再为自己辩护也没有用了，我将以自怨自艾的灰心失望度过这不得你欢喜的余生了吧，言念及此，泪下三钵头。

如果上某个教员的第一班课，在开首几个星期里，必得格外巴结，给他一个特别好的印象，以后可以便宜不少，就怎样拆烂污也不要紧了，这是我一贯的政策，我的好分数都是这样得来的。

我不笑你，但我真愿你不要再病了，永远地，永远地。不是假惺惺，真有点怅惘。有得时间生病，宁可谈恋爱。

我能够崇敬你的，如果你愿意。

注：① Grace Moore：格雷丝·摩尔，演员名。

② Cleopatra :《埃及艳后》，电影名。

卷七

仍旧希望能和你在一起做梦

你是个美丽而可爱的人，
春天、夏天、秋天和冬天的
精神合起来画成了
你的身体和灵魂，
你要我以怎样的方式歌颂你？

与其让你漠不关心，不如让你生气

好人：

你的文法不大高明，例如“对于你的谣言，确使我十分讨厌”这句话，应该说作“你的谣言确使我十分讨厌”，或“对于你的谣言，我确十分讨厌”。

这样吹毛求疵的目的是要使你生气，因为我当然不愿你生我气，但与其蒙你漠不关心我，倒还是生气的好了。我不想责备我自己，因为我觉得我已够可怜，但我发誓以后不再naughty[①]，(虽然我想我不用告诉你我是怎样“热烈期待”着这次的放假，为的有机会好来看看你；年初一的夜里，我是怎样高兴得整夜不睡，天气恶劣“怎样”反而使我欢喜，因为我可以向你证明我的一片诚心；次日清晨我怎样不顾一切劝阻而催促他们弄饭，饭碗一丢就扬长而去；我是怎样失望发现第一班车要在十一点钟才有，我不能决定是走好还是不走好，我本想当天来回，这样恐怕不成功了，姑且回了家再说；回到家中，两只脚又是怎样痛得走不动，为着穿了紧的皮鞋；乘兴而去，败兴而来，当然勇气要受了挫折……这些话也许都会被你算作讨厌的谣言），也不再把你的名字写得这样难看；但任何国际条约必须基于双方平等的基础上，我希望你也不要叫我朱先生或十分谢谢我。

你的命令我不能不尊从，因为你特意把“要”字改为“准”字，不要你来信只是表示我不愿意你来信，但尚未有禁止之意；不准便由愿望改为命令了。但是我希望等番茄种子寄出之后（当然那必须附一封信，否则你不知道是谁寄来的），我还可以（有）写信问你有没有收到的权利是不是？

我伤心得很。

注：① naughty：顽皮。

一碗续命汤能续多久的命

阿姊：

不许你再叫我朱先生，否则我要从字典上查出世界上最肉麻的称呼来称呼你。特此警告。

你的来信如同续命汤一样，今天我算是活转来了，但明天我又要死去四分之一，后天又将成为半死半活的状态，再后天死去四分之三，再后天死去八分之七……等等，直至你再来信，如果你一直不来信，我也不会完全死完，第六天死去十六分之十五，第七天死去三十二分之三十一，第八天死去六十四分之六十三，如是等等，我的算学好不好？

我不知道你和你的老朋友四年不见面，比之我和你四月不见面哪个更长远一些。

有人想赶译高尔基全集，以作一笔投机生意，要我拉集五六个朋友来动手，我一个都想不出。捧热屁岂不也很无聊？

你会不会翻译？创作有时因无材料或思想枯竭而无从产生，为练习写作起见，翻译是很有助于文字的技术的。假如你的英文不过于糟，不妨自己随便试试。

我不知道世上有没有比我们更没有办法的人？

你前身大概是林和靖的妻子，因为你自命为宋梅。这名字我一点不喜欢，你的名字清如最好了，字面又干净，笔画又疏朗，音节又好，此外的都不好。清如这两个字无论如何写总很好看，像澄字的形状就像个青蛙一样。青树则显出文字学的智识不够，因为如树两字是无论如何不能谐音的。

人们的走路姿势，大可欣赏，有一位先生走起路来身子直僵僵，屁股凸起；有一位先生下脚很重，走一步路全身肉都震动；有一位先生两手反绑，脸孔朝天，皮鞋的历笃落，像是幽灵行走；有一位先生缩颈弯背，像要向前俯跌的样子；有的横冲直撞，有的摇摇摆摆，有的自得其乐；有一位女士歪着头，把身体一扭一扭地扭了过去，似乎不是用脚走的样子。

再说。

朱　一日

其实星期制很坏

宋姑娘：

读到芳札之后，不想再说什么话，因为恐怕你又要神经。

这星期过得特别快，因为中间夹着一个五一劳动节。其实星期制很坏。星期日玩了一天之后，星期一当然不会有甚么心向[①]工作；星期二星期三是一星期中最苦闷的两天，一到这两天，我总归想自杀，活不下去；星期四比较安定一些，工作成绩也要好些；一过了星期四，人又变成乐天了，可是一个星期已过去大半，满心想玩了；星期五放了工，再也安身不住，不去看电影，也得向四马路[②]溜达一趟书坊，再带些东西回来吃，或许就在电车里吃，路上吃；星期六简直不能做工，人是异样不安定，夜里总得两点钟才睡去；可是星期日，好像六天做苦工的代价就是这一天似的，却是最惨没有的日子。星期日看的电影，总比非星期日看的没兴致得多，一切都是空虚，路一定走了许多，生命完全变得不实在，模糊得很，也乏味得很。这样过去之后，到星期一灵魂就像是一片白雾；星期二它醒了转来，发现仍旧在囚笼里，便又要苦闷了。

你总有一天会看我不起，因为我实在毫无希望，就是胡思乱想的本领，也比从前差得多了，如果不是因为今天是星期五之故，我真不想活。

不骗你，我很爱你，仍旧想跟你在一起做梦。

朱

注：① 心向：上海、嘉兴一带方言，意为“心思”。

② 四马路：即现在的福州路，是当时上海书店最集中的一条街。

想要倒转着活，以打倒你对我的不信任

青女：

我不很快乐，因为你不很爱我。但所谓不很快乐者并不等于不快乐，正如不很爱我不等于不爱我一样。而且一个人有时是“不很”知道自己的，也许我以为我爱你，其实我并不爱你；也许你以为不很爱我，其实很爱我也说不定，因此这一切不必深究。如果你不接受我的欢喜，你把它丢了也得，我不管。因为如果你把“欢喜”还给我，那即是说你也得欢喜我，我知道你是不肯怎样很欢喜我的。你以为你很不好也吧，我只以为你是很好的。你以为将来我会不欢喜你吧，我只以为我会永远欢喜你的。这种话空口说说不能令人相信，到将来再看吧。我希望我们能倒转活着，先活将来，后活现在，这样我可以举实在的凭据打倒你对我的不信任。

我永远不恨你骂你好不好？

不准你问我要不要钱用，因为如果我没钱用而真非用不可的时候，我总有设法处的。要是真没有设法处，我也会自己向

你开口的。此刻我尚有钱。

兄弟如有不好之处，务望包涵见谅为荷！

以后我每天或间一天给信你，你每星期给一次信我，好不好？其实我只要你稍为有点欢喜我，就已心满意足了，我相信你终不至于全然不喜欢我，有时你说起话来带着——不说了。

我发疯似地祝你好！

丑小鸭

都是因为你，我才语无伦次地说烦恼

好友：

心里烦得写不出话来，可是又非写不可。我直到此刻都在恼，因为你说了“实在我这人很不好，免得你将来不欢喜我的时候要恨我骂我”的话。如果你提到将来，当然我起誓给你听也是没用的，但你如以为我对于你的友谊的发生是由于一时盲目的好感的驱使，那么你从开始就得拒绝和我做朋友的；你如以为我们的友谊是基于深切的了解，那么你就得信任这段友谊。除非你将来变了样堕落了，那时我为着过去友谊的关系一定要恨你骂你，否则我将没有不欢喜你的理由。至于我们自己好不好是各个人眼光判断的不同。如果你以自己为很不好，也没有不许我以你为很好的理由。而且一个人不该太把自己看轻，如果你能使一个人倾心相爱，你总有特别使他钦佩的地方，不见得是因为他实在找不到朋友了才要找到你。以我自己说吧，我知道我是极无聊极不好的家伙，然而至少我相信即使我常爱说谎，心性轻浮，而且失去天真的心已沾上人世的污秽，但我对你的一片心总是可以向上帝交代，是真挚而纯洁的，因此当我赢得你的信赖时，我并不因为我不够和你攀朋友而觉得近乎僭越，我决不肯相信将来有一天你会翻脸不认我。如果我欢喜你，为什么我不能欢喜你呢？

语无伦次，余话再说。祝你好，我欢喜你！

你所不欢喜的人　十一

你要我以怎样的方式歌颂你

人生当以享乐为中心。第一种人眼前只道是寻常，过后方知可恋，是享乐着过去。第二种人昨日已去，不用眷眷，明日不知生死，且醉今宵，是享乐着现在。第三种人常常希望，常常失望，好在失望后再作新的希望，现实不过如此，想像十分丰富，是享乐着未来。你在读书时可以想像放假而快乐，放假时可以想像读书而快乐，于是永远快乐。

我假从二月二日（记住那是我的阳历生日，阴历生日已过去两个星期）放起，不想就急急回家，那天（明天）上午或者去买东西，下午或者去看舞台人的演剧，或者晚车回去，三日四日五日六日都在家，七日回上海，八日再可以玩一天，九日上工，十日星期仍上工，到十七再玩。

到家里去的节目不过是吃年糕，点蜡烛，客人来（我希望她们不要叫我拜客了），以及叉叉麻将。

新近发现了一条公理：凡是巴巴的来看我的朋友，都不外是因为：1、借钱，2、托我事情；其余的朋友都不愿意见我，这最近有好几个例证：

一、一个在苏州的好几年不见但常通信的朋友到上海来，打电话叫我到中央旅社看他，我把中央误听了东亚，找不到，后来他说，本想来看我，想想见面没甚么意思，因此就走了。

二、你过上海时我来车站望你，你说我不应该来看你。

三、郑 ×× 上次穷瘪来投靠我，今番堂而皇之地出洋，于是打电话来关照我都叫茶房代打，当然再不要光顾亭子间了。

四、我叫任铭善到我家来玩，他想了好几天，终于决定不来。

苦笑而已，云何哉。

看见太阳，心里便有了春天，天气真有暖意，即使不怎样暖（否则室内不用生火炉），至少有这么一点“意”。可是上海是没有春天的，多么想在一块无人的青草地上倒下来做梦哩。手心里确是润着汗，今年的冬天是无需乎皮袍子的，只是不知几时才会下雪，虽然我并不盼望。

你的来看你的朋友，如果不是一个古怪的人，便是一个平常的人，因为你要叫我猜，我便猜她（不是他吧）是一个古怪（means ① 有些特殊的地方）的人，否则你没有向我特别提说的必要。古怪两字用指最高泛的意义，不单指人的本身，也指 case ②，condition 等等而言。

这答案答得坏极。

Bertram[3]的离别使她的眼里充满了眼泪，心里充满了悲伤。因为她虽是绝望地想着他，但每点钟和他相对，对于她终是很大的安慰。Helena会坐着凝望着他暗黑的眼睛，他慧黠的眉毛，他美发的涡卷，直至她好像把他的肖像完全画在她的心版上，那颗心是太善于保留那张可爱的脸貌上每一根线条的记忆了。

当我年轻的时候，我也是这样的。爱情是那朵名为青春的蔷薇上的棘刺。在年轻的季节，如果我们曾是自然的儿女，我们必得犯这些过失，虽然那时我们不会认它们为过失。

不要自寻烦恼，最好，我知道你很懂得这意思。但是在必要的时候，无事可做的时候，不那样心里便是空虚得那样的时候，仍不妨寻寻烦恼，跟人吵吵闹闹哭哭气气都好的，只不要让烦恼生了根。

你是个美丽而可爱的人，春天、夏天、秋天和冬天的精神合起来画成了你的身体和灵魂，你要我以怎样的方式歌颂你？

祝福！

朱朱　一日

注：① means：意思是。

② case：和后面提到的condition，都是情形、状况的意思。

③ Bertram、Helena是莎剧《终成眷属》中的男女主人公的名字。

请听我的辩论

清如：

昨夜又受了一夜难，今天头颈的两侧肿了起来，仍然没有死。

因为放假，在房间里躲了一天，看皇家电影画报，即使是电影杂志，英国人出的也要比美国人出的文章漂亮得多。比如说《卡尔门要不要剃掉他的小胡子》这一个卑琐的题目，也会写得颇生动。

似乎我很好辩，昨夜醒着时，专在想辩驳你的话，我想你说的“没有恋爱经验的人决不会心跳”这句话确实是异样重大的错误，很简单地反问你一句，那么富有恋爱经验的人反而会心跳吗？从未上过战场的人不会心跳，久历战场的人反会心跳吗？恋爱经验和心跳的程度是成反比例的。我告诉你，越未曾恋爱过的心越跳得厉害，它会从胸脯中一直跳出口里，因此有许多人一来便要说我爱你。固然就是我爱你也得加以审判，有的人不过是别有企图，或者不负责任地随便说说，但这些人的我爱你是空气经过嘴唇的颤动而发出的声音，并不是直接由心里跳出来的。

再论客气问题，我以为客气固然是文明社会所少不来的工具，然而客气也者，不过是礼貌上的虚伪，和实际的谦逊并不是一件东西，凡面子上越客气，骨子里越不客气，这是文明人的典型，倘使是坦率地显露自己的无能，那在古人是美德，在现代人看来是乡曲了。即孔子也说过“当仁不让”的话，因为时代的进展，目今是“当不仁亦不让”，不看见列强的竞扩军备吗？要是日本自忖蕞尔小国，不足临大敌，那么帝国的光荣何在？皇军的光荣何在？你如果还要服膺先圣之遗言，那么无疑要失去东四省的。这引申得太远了。

朋友以切磋琢磨为贵，敢以区区之意，与仁弟一商酌之。

关于半生不熟的问题，也曾作过严密的论辩，因为构思太复杂，此刻有些记不起来，暂时原谅我，因为生病的缘故。

我咬你的臂膊（这是钟协良的野蛮习惯之一，表示永远要好的意思，当然也是很 classic ①，很 poetic ② 的）。

关于半生不熟的思想问题，我的论辩如下：

我知道你不单恋爱缺少经验，就是吃东西也缺少经验，否则不会说出半生不熟的东西人家最爱吃的话来，至少一般人和你并无同嗜。固然煮鸡要煮得嫩，但煮得嫩不就是半生不熟，最好是恰到火候，熟而不过于熟，过于熟便会老，会枯，会焦。所谓过犹不及，过即是太老，不及即是半生不熟。同样所谓思想上的调和、折衷、妥协等等，固然革命的青年们是绝对应该唾弃的，但在处世上仍然有很大的用处。调和、折衷、妥协的人都可以说是你所谓的聪明人，然而你要明白，调和、折衷、妥协并不就是半生不熟，前者完全是政策关系，或阳左此而阴就彼，或阴左此而阳就彼，运用得十分圆滑，便能两面讨好。

然而半生不熟是思想的本身问题，在个人方面会使自己彷徨无出路，在应付环境一方面恰恰是两面皆不讨好。后者可以胡适之为例子，前者可以阮玲玉为例子。胡适之在以前是新思想的领袖人物，为旧人所痛恨，为新人所拥戴，总算讨好了一面；而今呢，老头子憎恶他仍旧，青年们骂他落伍，便是因为思想上不能与时俱进，成为半生不熟的缘故。阮玲玉的死，是死在社会的半生不熟和自己个人的半生不熟两重迫害之下。

何以谓这社会是半生不熟的？可以从活的时候逼她死，死了之后再奉她为圣母一样的事实见之。要是在完全守旧的社会里，这样一个优伶下贱，又不能从一而终，没有个人敢会公然说她好话的。在更新的时代里，那么，第一，她不会自杀；第二，即使自杀了，社会对她的死也只有冷静的批判，而不是发疯的狂热。这种畸形的现象，当然是半生不熟的社会里才会有，然而要适应这种半生不熟的社会，却应当用调和、折衷、妥协的手段，要是再以自己的半生不熟碰上去，鲜有不危哉殆矣的。

何以谓阮玲玉自己是半生不熟的？我们知道她是个未受充分教育，骨子里尚承袭着旧社会中一切女子的弱点，因此是怯懦、胆小、做事不决裂、要面子，其实和第一个男子离开了以后很可以独立了，而仍然要依附于另一个铜臭之夫的怀中；同时她却比普通女子多一些人生的经验，多有在社会上活动的机会，对于妇女的本身问题不无自觉，然而她不够做一个新女性(当然怎样算是新女性是谁都模糊的，这名词不过喊喊罢了，如其说单单进工厂去做女工便成为新女性了，更是简单得有些笑话)，因为她没有勇气，没有勇气的原因是自己心理上半生不熟的矛盾。因为一死表明心迹很近乎古烈士的行为，便激起了多情人们的悼惜，其实是多么孩子气得可笑啊。

这样的说法已和我本来批评你的半生不熟的原意有些出入了，但也可以当作引申，你不为你自己辩护而为半生不熟辩护，这也是失着，我不知道你究竟是不是半生不熟？

注：① classic：经典的。

② poetic：诗意的。

不知道人应不应该穿衣

宋儿：

胡铭仁[①]现在有没有事体[②]？他的英文程度怎样？不是问他的写作能力，只问他了解能力是否还过得去？譬如译《莎氏乐府本事》、《天方夜谭》一类程度的书，是否能准确无误（须要字对字句对句的）。如果你以为他可以的话，请把他的通信处告知我。

我不知道人应不应该穿衣服，我想人那么丑都是因为穿了衣服的缘故，然而也许因为是那样丑，所以才要穿衣服。照现在的情形看，还是穿了衣服好。女人穿了聪明的衣服，可以有很美的肉感，脱了衣服，也许什么肉感都没有。维持风化最好的办法，是不论男女裸体往大街上跑，不到一个月，谁都要倒了胃口。单想想我们那些岸然绅士或讲道学的老先生们的肉体，就够令人毛发悚然，还有那些发育过分的胖太太们，谢谢上帝！保佑不要做怕梦。

明天礼拜 hurrah[③]！！！！！！！

你说我今天要不要买栗子吃？我今年已用了七十八个钢笔尖，十三瓶墨水。我爱你。

鸭子　廿八

今天日历上的格言说："忠国家，孝父母，尊师长，和夫妇，友兄弟，信朋友，笃亲族，睦乡党。"除了没有父母，可以不用孝，没有夫妇（一个人永远不能同时有夫又有妇的），也无须和之外，其余我懒得理会。惟所谓信朋友大概是写信给朋友的意思，所以我要常常写信给你。

注：① 胡铭仁：之江大学国文系同学，常熟人（宋清如的同乡），1935 年毕业，这时刚毕业正在找工作。

② 事体，北部吴语常用词，保留古义，相当于普通话的事情。

③ hurrah：英语象声词，表示欢呼。

我们不要绝交好不好

老弟：

我的意像，

腐烂的花，腐烂的影子，

一个像哭的微笑，

说不清的一些乱七八糟的梦，

加上一张你的负气的面孔，

构成一幅无比拙劣的图画。

说绝交在理论上完全赞成，事实上能不能实行是一个问题，因为如果单是面子上装做绝交，大家不通信不见面，这是很容易的，但能不能从心理上绝交呢？至少我没有要下这一个决心的意思。你的没用你的可怜的怯弱除了你自己以外就我知道得最清楚，大英雄无可无不可，决不会像你那样倔强好胜的。我是怎样一种人你也大部分都知道，有些地方和你很相近，也有些地方和你不同，要是你以为我是个了不得的人，当然你不敢称我做孩子的。如果我们不想以幻像自欺自慰，那么要获得一个比真相更美的印像是不必的。我不知道你会不会有一天要讨厌我起来，但我可以断定的是我决不会讨厌你，你完全中我的意，这不是说我只看见你好的一方面而忽视了不好的一方面，实在我知道你不好的地方太多了，有些地方简直跟我的趣味相反，但如果你的好处只能使我低头膜拜的话，你的不好处却使我发生亲切的同情，如果你是一个完美的人，我将永不敢称你做朋友。三分之二的不好加上三分之一的好，这样而成的一个印象对于我觉得是无比的美妙，因为她不缺乏使我赞美之点，同时是非常可以同情的，如果把这印像再修得好一些，反而会破坏她的可爱，因为她将使我觉得高不可及了。

我所说的你的不好处不过是以客观的标准而评定，在我主观的眼中，那么它们是完全可爱完全好的。

因此我说，不要绝交好不好？

十日午后

你是非常非常好的，这是我对人生探论的结果

你怕不怕肉麻？如果不怕肉麻，我便把一切肉麻的称呼用来称呼你。

我相信我将不能认识你，因为现在我确已完全忘记你的面貌，下回得再把你看得仔细些记得牢些。你愿意我在什么时候来看你？今天下午？大后天？下一个月？明年？还是一百年之后？我真疼你疼你，希望没有大狼会来驮了你去。

你说我们将来会如何结局？还是我不要了你，你不要了我，大家自然而然地彼此冷淡下去，还是永久跟现在一样要好，或是有什么其他的变化？我相信将来也许你会被我杀死也说不定。照你想来，如果我们在一块儿生活，会不会是一件很可怕的事？

我觉得我很“滑稽”(这滑稽两字不是说富于幽默，善诙谐之意，而是指一种莫明其妙但也并非莫明其妙的状态)，我把自己十分看轻，这是一件很可怜的事，自命不凡固然讨厌，但自己看轻自己则更没出息，如之何？

总之你是非常好非常好的，我活了二十多岁，对于人生的探讨的结果，就只有这一句结论，其他的一切都否定了。

当然我爱你。

综合牛津字典　十三

注意：如果你不喜欢这封信，当然你可以假定这不是写给你的，而且我也可以否认这是我写的。

比起跟别人在一起，我还是孤独的好

如果我自杀了，依利安那，发表声明说，“我因被臭虫咬得难过而自杀”，大家将会失笑吧，其实这理由并不比经济压迫不充分，因为被臭虫咬，除了身体上的痛苦之外，还要因此失眠，失眠则精神不佳，精神不佳则工作无力，工作无力则生活无趣味，生活无趣味则厌世，厌世则自杀。

我寂寞得很，然而跟别人在一起，实在还是孤独的好。昨天，钱又没了，一个人来看我，和大多数人一样，这也是一个不能使我欢喜的人，满口洋话，却又有几分“寿[①]”。先是拉我跑出去吃冰，于是说到 park [②] 去，我说没有 pass [③]，他说不要紧，撞进去好了，结果是被拦了回来。天微微下着雨，在路上流浪着，他的话题不脱 love and marriage [④]，因为听说而且知道我有一个 sweetheart [⑤]，故很以我为幸福。我因为讲不来外国话，所以回答也回答不出来，心里想说，即使我有一百个 sweetheart，我也看得像白开水一样平淡无味。最后决定到 Ritz [⑥] 看影戏，约莫有经二龙头到虎跑[⑦]那样一段路完全在微雨中步行了去，走得他吃力煞，老落在我后面，到了戏院，天便下起大雨来。片子是《No Greater Glory》[⑧]，全是由孩子做的，趣味很少，但表演颇深刻，意义有些 ambiguous [⑨]，因为要说它是提倡战争或反对战争，都说得过去。或则因为其中没有少女（女角只孩子的母亲一人，一个中年妇人）的缘故，那位朋友很摇其头，说是 funny [⑩]。出来天仍下雨，他给了我四角钱坐黄包车而回，真倒霉。

我真想在海滨筑一间小屋，永远住在这里面，请一个管家妇，一切庶务银钱等事全给她管理，再领一个贫家无父母的孤儿女作我的孩子，每天和他一起看海。你要是高兴，一年中可以来望我一次，我不预备招待任何朋友。

注：① “寿”：上海方言，表示一个人愚钝，不合时宜，不受欢迎。

② Park：公园。

③ pass：门票。

④ love and marriage：恋爱和婚姻。

⑤ sweetheart：恋人。

⑥ Ritz：“利兹”，电影院名。

⑦ 二龙头是之江大学所在地的地名，虎跑是杭州一个著名风景点，离二龙头约 2 公里许。

⑧《No Greater Glory》：《最大的光荣》，电影名。

⑨ ambiguous：含糊。

⑩ funny：好笑。

“好人”是天生下来给人欺负的①

小鬼头儿：

我太不高兴写信给你，此刻不知你在跟谁讲些什么小姐经，而我却不知道是谁逼着我硬要写些什么，写信的对象偏偏一定要是我所最讨厌的人——你。要是写得好，能博你欢喜，叫我几声孩子，那么也许还可窝心窝心，骗骗自己说世上还有个人疼我。要是写得戆一些，便要惹你发神经，把朱先生哩聪明哩佩服哩知己哩劳驾哩这些化装了的侮辱堆在我身上，想想真气不过。如果你是个头号傻瓜，我准是个超等傻瓜。

自己安慰自己这句话实在可怜得很，既然决心不受人怜，又何必对影自怜呢？要是我，宁愿自己把自己虐待的。

当心伤风。

此夕

要是你是个男人，你欢喜那一种女子呢？要是我是个女子，我要跟很多男人要好，我顶欢喜那种好好先生，因为可以随便欺负他，“好人”是天生下来给人欺负的。

哥儿：

今天天气很好。不叫人兴奋也不叫人颓唐，不叫人思慕爱情也不叫人厌恨爱情，去外面跑，也不会疲劳，住在家里，也不会愁闷。今天写信，目的就是要说这两句话，多说了你又会厌烦我。

借了三本《行为主义的心理学》，希望能读得下去。

愿你乖。

次日下午

注：① 此信原信封邮戳日期为 1935 年 9 月 14 日。

除了我，谁还会做这种滑稽的梦

因为某种令人感到无限厌恶的事，忍不住讥笑与侮辱，我负气出亡，逃到一个荒漠的地方。那似乎是亚洲之外的别一洲，地土非常荒瘠，连土人野兽也都已绝迹，只有一批不容于国内的叛徒在此啸聚着，度着艰苦的生涯，据传闻他们都是非常剽悍凶恶，陌生人一到他们的手里都有丧生的危险。我一到那里，首先便遇到了两个风尘憔悴的白种人，初时以为他们便是传说中的凶徒，但后来知道也是两个不幸的旅行者，于是便共同计议着躲避我们可怕的敌人的方法。这群啸聚者时时派人到地面巡逻，我们一听见细微的脚步声，便赶紧缩在山洞隐蔽的所在。

后来他们把一袋食物故意放置在我们的地方，忍不住饥饿的引诱，才一探出首来，便被他们抓去监禁了。之后我探知他们并不是如传闻那样穷凶极恶的人，原都是有血性的侠少年，因不满国内的政治，或公开地叛变，失败逋亡于此，所以严防外来的人，也无非害怕是政府遣来的侦探，要将他们缉捕的缘故。

然而我却憎恶起我那两个同伴来，他们正在用卑劣的方法设法通知他们国内的政府，详细告知此地的一切形势，将有不利于他们的俘获者的企图。一知道了这，我便不顾卖友的嫌疑，把一切去告诉了党徒的首领。这两人知道事发之后，一个已吓得半死，一个在被呼唤着拿去捆绑的时候，却紧紧地抱住我的腿，像要生噬我的样子，那首领拔出枪来，把他击死了。后来我也成为他们中的一个，过了好些年头，一方面努力于植物学上的探求。这样地到了垂暮之年，这一群人也逐渐地零落起来了，而生活的困苦则年甚一年。

我又思念起故乡来，久已忘诸脑后的你的可爱的影子，也突然在我心中复活起来，使我感到无限的牵萦。最后决定一个人芒鞋负担，飘然潜归，只遗留给那些朋友们一件贵重的物事，是我新近搜探的发现。那是几根小小的草秆，其中各有几个如臭虫一样的小虫，这些虫的腹中各有一粒谷子，把它们埋在地中，它们死了之后，谷子便会在沙地上生长起来，和稻麦无异。

自己飘然回到故国之后，认识的人是一个都没了，而且深信你也已经死去，但终于在一个角落里访到了你，你是那么老得使人完全认不出来，倘使不是因为你的姿态在我心中留下太深刻的印象的话。耳朵完全是聋了，只眼睛却像少年人一样明亮，人家说你这些年来完全不曾说过一句话，也许简直连说话都已忘记了。

我知道你一定怪我当初的杳无音信的出亡，我永远想不出，别人也不能告诉我，你这些年来的生活的情形，你自己则除了你的形态之外不能使人相信还是个活人，除了眼灼灼地注视之外，你全然不动情感地看着我归来，我也不知道你还认不认识我。但我既然已回到你的身边，我已满足了，我发现你的美好并不曾随着外形的消枯而失去，我找得出一切过去梦似的记忆，我重又感到了青春的血在流，当我像小孩一样在你沉默的怀中打滚的时候，我想像你是在抚我爱我，所以不如此者，只因为你已完全忘记了这些动作之故。总之我又沉醉在爱天恋地之中，虽在旁人的眼中那是如何可笑。最后有一天我们死在一块儿。

除了我，我的朋友，谁还能做这种滑稽的梦？

三日

不要相信任何巫卜的话，我愿意把那算命的打一个大嘴巴。

我到底写了些什么

宋：

你猜我要写些什么？鬼知道！要是我能写些漂亮的迷人的话，你一定会非常欢喜我的。

我不知道我将要写些什么，当我在不曾写些什么之前；我不知道我正在写些什么，当我正在写些什么之时；我将不知道我已写了些什么，当我业已写些什么之后。然而我正要写了，我正在写了，我已经在写了，虽然我不知道我将要写些什么，正在写些什么，已写了些什么。——学 Gertrude Stein ① 的文体。

我猜想我的中文程度跟我的英文程度一样蹩脚，我的英文程度跟我的日文程度一样高明，我的日文程度跟我的阿比西尼亚文程度一样了不得。

你这人似乎太少嗜好，对任何事都没有什么了不得的兴味，我难得听见你发表过五十个字以上的意见。

明天到韬光去好不好？

不要害怕毕业，嬉皮涎脸地对付人生虽不是正当的办法，但比之愁眉苦眼要好一些。

肯不肯做我的私人秘书兼管扫地抹桌子？三块大洋一月。

阿米巴　七日

注：① Gertrude Stein：葛特鲁德 · 斯坦因（1874 ～ 1946），美国作家，部分作品有抽象派和立体派风格。

❀❀

自欺欺人说我不爱你

宝贝：

“虐待”的虐字不应写作“ ”。

似乎我唯一的本领便是冷眼看人，不过并没有自视甚高的意思，因为被我笑骂得最厉害的，便是我自己。如果你要我教训你指示你向上，我想我也许也会的，但那些教训决不会是由衷的，因为当我说着时自己心里已经在讥笑它们了。

我希望说你是“迷羊”的人并不是我，因为我一点不喜欢这两个字。

生活永远是无聊，像爸爸一样无聊，你叹气我闷得气都叹不出来。

有时我骗我自己说我不爱你，但我知道这不是真的。

再说。

名字写在水上的人　三日

一封信而已，何必不写①

爱人：

写一封信在你不过是绞去十分之一点的脑汁，用去两滴眼泪那么多的墨水，一张白白的信纸，一个和你走起路来的姿势一样方方正正的信封，费了五分钟那么宝贵的时间，贴上五分大洋吾党总理的邮票，可是却免得我食不甘味，寝不安席，无心工作，厌世悲观，一会儿恨你，一会儿体谅你，一会儿发誓不再爱你，一会儿发誓无论你怎样待我不好，我总死心眼儿爱你，一会儿在想象里把你打了一顿，一会儿在想象里让你把我打了一顿，十足地神经错乱，肉麻而且可笑。你瞧，你何必一定要我发傻劲呢？就是你要证明你自己的不好，也有别的方法，何必不写信？因此，一、二、三，快写吧。

注：① 此信原件缺失，所以没有手稿件。

我想用一个肉天下之大麻的称呼称呼你

宋：

我想用一个肉天下之大麻的称呼称呼你，让你腻到呕出来，怎样？

你老是说不通的话，我不知道你把我的思想和精神怎样抱法？其实我是根本没有思想也没有精神的。

你的诗写得一天比一天没希望，如果真要做诗人，非得多发发呆，弄到身体只重五十磅为止不可。我承认你现在还是相当呆的，因此还能哼几句，像我因为很聪明，所以就写不起来了。

我很满足人生，你说你怕看见我也不能使我伤心。

昨天吃了很多冰淇淋。

此间需要小编辑一位，须中英文皆能过得去而相当聪明者，月薪至多五十，至少五十，你们班里如有走投无路的此项人才，可来一试。

不要哭，我仍旧欢喜你的，心肝！

廿七

为了你，我在学着做一个好人①

清如：

假使你再跟我多接触一点，那么我仍然会变成你所鄙弃之群中的一个，这话你相不相信。我实在是个坏人，但作为你的朋友的我，却确实是在努力着学做好人，我很满足，因为这努力已获得极大的报酬，可以死无遗憾的了。

说起来有些那个，每回接到你信，虽是很快活，但也有些害怕，生怕你会说嗔怪我的话。我太不天真，心里有太多的尘埃，话如果不经滤过而说出来，有时会使自己回想起来很难为情，到那时候，也只好涎着脸说“说过的话不算”而已。人要是不能原谅，那么世间将无一个可以称为好朋友的人，如果不是相信你能忽视我的愚蠢可笑的地方，我一定永远不愿意看见你，因为见了你我将无地自容。

以前我最大的野心，便是想成为你的好朋友，现在我的野心便是希望这样的友谊能继续到死时（把这称为野心，我想是一点也不过分），同时我希望自己能变好一些，使你更欢喜我。

人总是那么一种动物，你无论到哪里总脱离不了可厌的诸相，少理会理会他们就是。厌恶是不必，因为你厌恶了人，人也要厌恶你，但你如不理会人，那么人也不理会你，这就很清净了。骂女同学不值三角三的人，其实原来他不会如此无礼，都是因为他在人眼中自身也不值三角三之故，因此这算不得是侮辱，只能说是阿Q式的复仇。

和异性相处，最好的方法，便是不要过立崖岸，稍为跟他们随和一些，但不要太狎近。有许多女同学遭人嫉骂，都是因为过于矜持，不大方之故。在男女同学的环境中，太装出不屑为伍的神气，的确是足以令人难堪的（当然不屑为伍也许有不屑为伍的理由，但人总是昧于责己，只知道你神气，而不知道反察自身）。我在之江读了四年书，同班的女生，也有到最后一学期，路上相遇如不相识的，这种人我总不知道为什么要到有男人的学校里来念书。男人有时确是很下流，但这是因为他们从未学得尊重女性之故，在他们的经验中，只以为女子是另外一种人类，要把这种思想打翻，男女同学的学校实在是一个最适宜的改造观念的场所，但因为女子一方面的性格上的消极性质，在学问上少合作，课外活动方面不和男生竞争，学校当局则务为不彻底的防闲，对于正规的异性间友谊不加以奖励（他们都以为这些青年们是挺会交朋友的，其实有些只会瞎谈谈恋爱，有些非常面嫩，而有些则对于异性有着成见的憎恶），这些都足以阻碍双方理解的成立，而使男女同学一句话成为虚名，甚至只有坏处而无好处。我以为比如说在之江一类学校里毕业了出来，如果是男子，那么不曾交到一个女朋友还不算奇怪，因为女同学人数少，在较少人数中选择一个朋友，机会是要少些，但如果是一个女学生，那么至少也得有二三个以上的男朋友（不是说谈恋爱的人），因为二三百男子中，说是没有人配作她的朋友，这样的女子未免自视太高一些。不过这样的话，在目前是谈不到，男女间差异过大，隔膜太深，在客观环境未更变以前，他们间的关系还只能以恋爱结婚为限，这是无可如何的。我们当然都是理想主义者，也许在旁人眼中是可笑的也说不定。

读了生物学之后，你会知道所谓两性这一问题是如何一种悲剧。人类间的异性爱能从盲目的本能变成感情的交响，再从单纯的感情经过理智的洗练，因是创造出一种完全不同的事物出来，不能不说是绝大的进步。现今人类还不能不忍受许多生物学上定则的束缚，但几千年后，借着科学的能力，也许关于人类的生存和生殖两个问题有着另一的方式，而男女性将变为仅仅是精神上的区别，以彼此的交互影响提高文化的标准，这未不便是梦想，但那时人类当已进化到另一种阶段！

又是胡说。此刻我要出去，暂时不写了。

愿我亲爱的朋友与世无争，自得其乐。做人只有两种取乐之道，一种是忘我，忘了“我”，则一切世间加于“我”的烦恼苦痛皆忘！一种是忘人，忘了“人”，则一切世间的烦恼苦痛皆加不到我的身上。

朱朱　三日

注：① 此信原件上宋清如注：三四年。即 1934 年。

卷八

没有比你再好的人了

我一天一天明白你的平凡，
同时却一天一天愈更深切地爱你。

我也说不出我是如何思念你

清如：

William Davies 说的：

What is this life，if, full of care？

We have no time to stand and stare。[①]

如果我向上帝祈求，我将说，给我充分的悠暇吧！看云的悠暇，听雨的悠暇，赤脚在椅背上打盹的悠暇，做诗、谈恋爱、自寻烦恼的悠暇，或者就是全无思虑的，在一两点钟内给朋友写一封无所不谈的随笔的信的悠暇。然而我的心是那么空虚又那么惶惑，那么寂寞又那么懒。实在我有许多偶然触及的思想，一些偶然忆起的琐事，我闷得很，我很需要告诉你，然而总似乎没有气力把这些搬到纸上。给你写信是乐事也是苦事，我也说不出我是如何思念你。

生涯是全然的无望。

注：① 这是诗人 William Davies（威廉 · 大卫）的两句诗，大意为：如果什么都要操心，生活将会是什么样？我们将再没有时间驻足观望。

一天一天愈更深切地爱你

天如愿地冷了，不是吗？

我一定不笑你，因为我没有资格笑你。我们都是世上多余的人，但至少我们对于彼此都是世上最重要的人。

我一天一天明白你的平凡，同时却一天一天愈更深切地爱你。你如照镜子，你不会看得见你特别好的所在，但你如走进我的心里来时，你一定能知道自己是怎样好法（这是一个很古怪的说法，不是？）。

一切不要惶恐，都有魔鬼作主。

我真的非常想要看看你，怎么办？你一定要非常爱你自己，不要让她消瘦，否则我不依，我相信你是个乖。

Lucifer

这世上没有比你再好的人了

宋：

信不知怎样写法。有时我常惭愧我自己，也会觉得我不配做你的朋友，有时。

我本来不算生病，人照常好。我想我并不太苦，也许有点太幸福，我想。

在这世上，比宋再好的人，我想是没有了。

今天不放假也好。天仍是阴，心里仍是闷。但无论如何，我算在友情里（可不可以说你的？）找到了活在世上的意义，寂寞实在是够人耐的。让我永远想望那一点天外的星光过活，纵便看不见他，在梦里我要给他无数吻。

我们人类的感觉，许多是在自己的感觉里夸张了的，我们正也需要这类的夸张。

愿你有一切的快乐，我是你的。

朋友　五日

没有更好的词能道出我对你的怀念

宋：

孺慕这两个字也许用得很不适当，但没有别的名词比这更好地道出我对你的怀念，那不能是相思，一定是孺慕。

你走了一礼拜了，仿佛经过了好几月，前夜写了封信，却不曾发出。话是没有什么可说，只告诉你我虽不快活，也不比一向更不快活，日子尚不至于到不能挨过的地步。其次你到家后还未有信给我，已经在望了。我不要你怎样费工夫给我写信，只草草告诉我安好就是。我只盼快点放假回家，虽然也不会有甚么趣味，或者到杭州望望铭善[①]去。

以全心祝你快乐健康。

朱　廿三

假如有人问我烦忧的缘故，

我不敢说出你的名字。[②]

注：① 铭善：任铭善，朱生豪在之江大学的同学与好友。

② “假如有人问我烦忧的缘故，我不敢说出你的名字”：这是戴望舒的诗《烦扰》中的句子。

别离有时太难排遣

清如：

在刚从严寒中挣扎出来，有温暖而明朗感的悦意而又恼人的天气，在凄寂的他乡，无聊的环境里，心里有的是无可奈何的轻愁，不知要想些什么才好，只是惓惓地记忆着一个不在身边的，世间最可爱的朋友，当我铺纸握笔的时候，应该是有一些动人的话好说的，然而我能说些什么呢？

我无法安排我自己的时间，想定定心在公余做一些自己的工作，不能；随便读些书，也是有心没绪的。心里永是那么焦躁不宁。如果不是那样饥渴地想忆着你，像沉舟者在海中拼命攀住一根漂浮的桅杆一样，我的思想一定会转入无底绝望而黑暗的深渊，我觉得我的生命好像不是属于自己的，非自己所能把握。

要是此时我能赶来看看你，该是多么快活！我说如果我们能有一天同住在一个地方的话，固然最好相距得不要太远，但也不必过近，在风雨的下午或星月的黄昏走那么一段充满着希望的欢悦的路，可以使彼此的会面更有意思一些。如果见面太容易，反而减杀了趣味，你说是不是？如果真有那一天就好了！别离有时是太难排遣的。

廿九　夜

为你祷告

好孩子：

不会哭吧？我很急，真想跑来瞧瞧你。天十分暖了起来，其实上课堂也要打瞌铳，乐得躺在床上看看云吧。希望快好起来，耶稣保佑你，即使没有什么痛苦，我也是不能放心的。

想不出一个好故事可以讲给你听。“黄鹂”那首写得很可爱，你总是那么可爱。我想写一首诗给你，可不知道写不写得出。歌人一天一天的拙劣了。

春天，我不忆杭州，只忆你，和振弟，他比你寂寞，也许比我还寂寞，他是永不把心开放给别人的人。

我给你念祷告，希望这信到时你已经好了。愿你安静！春天否则是会觉得太短的，生生病，也许会长一些。但是心里高高兴兴，什么时候都是春天，所以还是快些好起来吧！好好珍重，以后不许生病了。再写。

朱朱　十九夜

想和你说话，也不怕和你说任何话

清如：

在家里过了三夜，倒并不如想像的那样无聊，全然忘了一切，无所为地高兴起来，家里的婚事只是小热闹一下，一切像儿戏般玩着，那位弟妇我不知叫她什么好，终于叫她做嫂嫂，比你大得多，不是孩子样儿。大表姐的第六个孩子，最小的甥女，和我很要好，陪着她玩。她的四哥在兄弟姐妹间乡气最重，是个戆大[①]，人很忠厚，但不惹人欢喜，被妹妹欺负得哭起来，我过意不去，领他到乡野里走，他很快活，虽然似乎很笨，对于大自然却很敏感，看见骑在牛背上的牧童，很是羡慕，说脱下长衫去做看牛童子，一定很写意。徘徊旧游地，那些静寂如梦的 old spot[②]，对于灵魂是一种苏醒。我曾指点给孩子们我从前读书的小学，我对我的各个母校都眷眷不忘。我的中学时期是最枯燥颓唐的一段时期。

昨夜回到自己房间里，才看见你一日所写的信，于六日到上海。我气量（应作器量）确不大，平日勉力自扩，然有时无可如何，心里过于气闷之时，一遇可乘之机，便要借此泄泄郁恨，别人也许会认真，但你好得很，从不跟我闹气，因此我对你什么话都不怕说出来，否则真会很羞的。

到家里我可以不想你，但一回到上海，便满心里都是你，想你有时要想得哭，但不想更无聊。

我不想望什么，但愿一生有得好东西吃，他无所也不敢希冀，如祈福，我愿我有一个美满的来生，更愿来生仍能遇见今生的朋友以及永别的爱者们。

今天去看盼了好久的银幕上的《块肉余生》③，迭更斯的作品，即使还不能达到艺术的最高峰，总是非常富有感情的文字，我读他的小说总不能不流泪，电影上也有好几块能使软心的人呜咽、硬心的人心软的地方，但一般而论，迭更斯的作品结构都失之散漫，因此改编为电影，很不易讨好，全剧精彩的地方，都只在各片段。但制片者的努力是很可佩的，那么一本大书，那样复杂而多方面的故事，竟能如此有条不紊简洁而无遗漏地演了出来。这片是 All Star Cast ④，内中人才很不少，但真做得好的，却似乎只扮演大卫童年的一角，那个孩子应该是不让贾克古柏的。

在广东店里悄悄地吃了一碗叉烧蛋炒饭，便乘雨回家。今天虽是星期一，又天雨，而戏院仍满满的。

弟　朱某顿

注：① 戆大：上海、嘉兴一带方言，意为“呆子”。

② old spot：陈迹。

③《块肉余生》：狄更斯的作品，现译为《大卫·科波菲尔》。

④ All Star Cast：全明星阵容。

人生渺茫，路途寂寞

我真想死了干净，做傻子太没趣。

放开喉咙喊一阵，倒是很痛快。

你如肯把我的信全部丢了，我一定很感谢你，免得丑话长留，已经写出的信再要向人讨还，那种是不男子气的举动，我不会的。你的信我也不会藏之名山，等我们友谊破裂的时候，我会把它们一起毁掉，要是我们到死都是好朋友，那么我将在临死前叫他们当我面把它们烧了。

人生渺茫得很，不知几时走完这段寂寞的路。一颗血淋淋的心强装着笑脸。

我们彼此走各人的路，总有一天会越走越离越远的吧？就是将来彼此成了陌生人也是可能的事，你说是不是？

我真是像卓别林所描写的那类人物，那个寂寞的影子使我非常悒郁。

到家安好？愿你有一切的快乐和幸福。虔诚地为你祷祝。

我是你的可有可无的朋友

梦魂不识路，何以慰相思

阿姊：

你走了，我很寂寞，今夜不知你在什么地方，梦魂不识路，何以慰相思？

人静之后，夜的空气甜柔得有些可爱，无奈知心人远，徒增惆怅耳。旅途倦乏，此刻你一定已睡得好好儿的了。如果天可怜见，让我今夜梦里见你吧。

愿煦风和日永远卫护着可爱的你，愿你带着满心的春笑回来。

爱丽儿　廿八

昨天看了本影戏（有什么办法呢！）打倒了胃口，今天不想出去了。你玩得高兴不高兴？

卅

❀❀

你叫我不要颓唐，我就不颓唐

好人：

你如今天不给我信，那太可恶；明天不给我信，倒没有什么。

今天四点半后，我真要搬家了，到新的地方去不能使我高兴，但脱离旧的地方总有些快意。

我觉得我从来没有像现在这样笨法，就是在初中二年级时门门功课读不及格的时候[①]也要比现在聪明些，世上还有比做一个笨伯更没趣味的事吗？我希望魔鬼进入我的心。

大前天我的小兄弟从厦门抵沪，前天晚上送他上车回家去。这两年随军辗转闽广，结果带了一身病回来。回家他也知道毫无意味，“但死在外头，有些不值得”；又说个把月后仍旧要出去，“这回去了之后，再也不回家了”，怪可怜的。他在福建曾和一位在军队中做 nurse[②] 的女士恋过爱，那人倒也很恳笃有情，他写信来要求姑母给他作主婚事，姑母说不能作主，自己有力量办当然决不阻梗；但自己并没有力量，因此很失望而悲观，他说他预备终生不娶，“因为有了家室，简直是吃官司”。

这两天夜里太少睡，有这么许多无聊。明天好好休息一下，后天得聚精会神地工作起来，要是贪惰请你捻我。

你好？

Honorificabilitudinatitibus [3]

廿四

颓唐是因为对于自己不满意，不是对于环境不满意。能活得下去的人，不是都是有勇气的。中国人是最无勇气的，但中国人善于在任何环境中活下去。

但你叫我不要颓唐，我就不颓唐了。

注：① 朱生豪 1924 年高小毕业，这年嘉兴按教育部的规定进行学制改革，高小由原来的三年改为两年，当年的高小毕业生可以直接读初中二年级，刚入学时因为不适应，学习一度比较困难，但是很快就赶上了。

② nurse：护士。

③ Honorificabilitudinatitibus：出自莎剧《皆大欢喜》第五幕第一场，系中世纪拉丁文，意为“诸名荣耀”。

我不要上帝宠爱，我宁愿你宠爱我

好人：

昨夜二房东家里（我有没有告诉过，我已搬进了新居？）请仙人捉鬼，因为他家的女人害着重病，这位老爷附身的职业仙人装着比梅兰芳黎明晖还难听的声音，是一种说不出来的怪声，一种不像样的 falsetto[①]，说的话我听不出，总之是带着不成熟的戏台腔调，喷着水，嘴里“呋！呋！”地把鬼赶出来，砰砰砌砌放鞭炮，大家在楼上楼下奔上奔落，这么闹了一下子。这条弄堂里迷信空气特别浓厚，因为有一家“西方莲花佛会”。

我说鲁迅的死，还不及阮玲玉的死更有意义。因为就作品的影响而论，纵的方面固然若干年后没有人再会记得阮玲玉，但鲁迅的著作，是不是能永久成为中国文学里不朽的 classic，也还是一个疑问，他的杂文固然绝少保留的价值（在“现今”也许还有用），以薄薄的两本《呐喊》和《彷徨》来说，其价值也不过是新文学草创时期的两块纪程碑；《阿 Q 正传》（在

《呐喊》中不是最出色的一篇）虽然搔着了中国人的痛处，但其性质只是一篇 satire②，如认为小说是太草率了。至于横的方面，鲁迅的读者就不及阮玲玉的观众之广入社会各阶层，对于一般大众的生活思想，阮玲玉的影响无疑要比鲁迅的影响大得多。

我不要上帝宠爱，我宁愿你宠爱我。

近来常常扯国旗，一忽儿胡主席国葬，一忽儿蒋院长做寿，一忽儿黄先烈纪念，一忽儿段执政去世，街上的国旗比往年热闹，见者以为是民气奋兴的表示，其实是国旗制销局摆卖的结果。

其妙　五日

注：① falsetto：声乐术语，指用“假声”演唱高音。

② satire：讽刺文学。

译文很疲惫，想吃你的鼻头[1]

好人：

《仲夏夜之梦》已重写完毕，也费了我十余天工夫，暂时算数了。《威尼斯商人》限于二十日改抄完，昨天在俄国人那里偶然发现了一本寤寐求之的《温德塞尔的风流娘儿们》，我给他一角钱，他还了我十五个铜板，在我的 Shakespeare Collection [2] 里，这本是最便宜的了，注释不多但扼要，想来可以勉强动手。

倒了我胃口的是这本《威尼斯商人》，文章是再好没有，难懂也并不，可是因为原文句子的凝练，译时相当费力，我一路译一路参看梁实秋的译文，本意是贪懒，结果反而受累，因为看了别人的译文，免不了要受他的影响，有时为要避免抄袭的嫌疑，不得不故意立异一下，总之在感觉上很受拘束，文气不能一贯顺流，这本东西一定不能使自家满意。梁译的《如愿》，我不敢翻开来看，还是等自己译好了再参看的好。

昨天下午一点半跑出门，心想《雷梦娜》是一定看不成的了，于是到北四川路逛书摊和看日本兵。日本兵的一个特色就是样子怪可怜相的，一点没有赳赳武夫的气概，中国兵至少在神气上要比较体面得多。他们不高的身材擎着枪呆若木鸡地立着，脸上没有一点表情，而对面的中国警察则颇有悠游不迫之慨。

昨天买了三只其大非凡的大红柿子，吃到第二只就已倒了胃口。这东西，初上口又甜又冷，似乎很好，吃过之后，毫无意味，那股烂污样子，尤其讨厌，再加上回味时的一些涩，因此是下等的果子。这两天文旦是最好吃的了。

我要吃你的鼻头。

黄天霸

注：① 此信原件上宋清如注：1936 年秋一冬。

② Shakespeare Collection：收集的有关莎士比亚的藏书。

这征婚启事，你觉得如何[①]

好人：

你初八的信于今天读到。

如果要读书，倘使目的是为趣味，那么可以读读子书、笔记和唐宋以后的诗词、英文的小说戏曲；倘使要使自己不落伍，则读些社会科学的书，但不必成为社会主义者。

回家很没趣味。兄弟一个失业，拉长了面孔，一个又吐出过一点血。长者们逼我快娶亲，你肯不肯嫁我？或者如果有这样的人，你可以介绍给我：

1. 年龄二十五至三十。

2. 家境相当的穷。

3. 人很笨。

4. 小学或初中毕业，或相当程度（不必假造文凭也）。

5. 相貌不甚好，但勉强还不算讨厌。

6. 身体过得过去，但不要力大如牛，否则我要吃瘪。

7. 不曾生过儿子，生过儿子而已死或已丢掉则不妨。

8. 能够安安静静坐在家里不说话。

9. 最好并无父母，身世很孤苦。

10. 不喜欢打扮及照镜子。

11. 不痴心希望丈夫爱她（但可以希望他能好好待遇她）。

这种是不是无聊话？

我永远爱你。

朱　二月十五

信仍寄世界书局较妥。

注：① 此信原件上宋清如注：1937 年初。

我向你保证，我是欢喜你的[1]

好人：

今夜夜里差不多抄了近一万字，可谓突破记录。《风流娘儿们》进行得出乎意外地顺利，再三天便可以完工了，似乎我在描摹市井口吻上，比之诗意的篇节更拿手一些。

我希望你在下半年不要再在那个学校里了，即使对自己绝望，甘心把自己埋葬，就是坟墓也应该多换换。我希望你去做共产党，女优，什么商店的经理，或是时装设计家。

我相信我的确不爱你，因为否则我早就发疯了，可是我向你保证，我是欢喜你的。

昨天在街头买了三本不很旧的旧书，陀斯妥益夫斯基的《赌徒》，辛克莱的《钱魔》，还有一位法国女人做的《紫叶》，可是还没工夫看。我现在看小说的唯一时间只在影戏院里未开映以前的几分钟内。

《梵尼斯商人》已收到，谢你改正了一个“么”字。今天开始翻了半页《无事烦恼》，我很希望把这本和《皆大欢喜》早些翻好，因为我很想翻《第十二夜》，那是我特别欢喜的一本。不过叫我翻起悲剧来一定有点头痛。我巴不得把全部东西一气弄完，好让我透一口气，因为在没完成之前，我是不得不维持像现在一样猪狗般的生活的，甚至于不能死。

也许我有点太看得起我自己。

豆腐　廿二

注：① 此信原件上宋清如注：1937 年夏。

你崇不崇拜民族英雄[①]

好好：

你有一点不好的地方，那就是爱用那种不好看的女人信笺。

你不大孝顺你的母亲，我说你应当待她好些，如果怕唠叨，那么我教你一个法子，逢到你不要她开口而她要开口的时候，只要跑上去 kiss 她，这样便可以封闭住她的嘴。

你崇拜不崇拜民族英雄？舍弟说我将成为一个民族英雄，如果把 Shakespeare[②] 译成功以后。因为某国人曾经说中国是无文化的国家，连老莎的译本都没有。我这两天大起劲，Tempest 的第一幕已经译好，虽然尚有应待斟酌的地方。做这项工作，译出来还是次要的工作，主要的工作便是把僻奥的糊涂的弄不清楚的地方查考出来。因为进行得还算顺利，很抱乐观的样子。如果中途无挫折，也许两年之内可以告一段落。虽然不怎样正确精美，总也可以像个样子。你如没事做，替我把每本戏译毕了之后抄一份副本好不好？那是我预备给自己保存的，因此写得越难看越好。

你如不就要回乡下去，我很想再来看你一次，不过最好什么日子由你吩咐。

我告诉你，太阳底下没有旧的事物，凡物越旧则越新，何以故？所谓新者，含有不同、特异的意味，越旧的事物，所经过的变化越多，它和原来的形式之间的差异也越大，一件昨天刚做好的新的白长衫，在今天仍和昨天那样子差不多，但去年做的那件，到现在已发黄了，因此它已完全变成另外的一件，因此它比昨天做的那件新得多。你在一九三六年穿着一九三五年式的服装，没有人会注意你，但如穿上了十七世纪的衣裳，便大家都要以为新奇了。

我非常爱你。

淡如　廿五

注：① 此信原件上宋清如注：1936 年夏。

② Shakespeare：莎士比亚。

我对于你的忠心永无变更

女皇陛下：

我希望你快些写信给我，好让我放心你已不恼我了。至少也得告诉我一声十个月不写信是从哪一天算起，好让我自即日起伫颈期待它的满期。我很欣幸你恼我得并不彻底，否则你会说永远不再写信给我的。既然不是彻底的恼，那么最好还是索性不恼，因为恕人者最快乐，而我也将感恩不尽，永远纪念你的好处。我不愿说保证以后不再有这种事发生，因为也许为了空间的时间的、心理的生理的、物理的化学的、形而上的形而下的、物质的精神的、个人的社会的种种关系，仍旧会身难自主。

叔本华说得好，“人类是环境之奴”（叔本华并没有说过这句肤浅的话，至少我不曾读过叔本华，不知道他曾说过这句话）。但为了对你表示最大的忠诚与感激起见，总将竭力避免此等事件之再发生，倘不幸而力有未逮，则惟有等待挨骂一顿，之后复为君臣如初，此则私心之所祈祷而无任拜悚者也。

否则的话，我虽不至于幼稚过火得向你说“人生无趣，四大皆空，一切有为法，如梦幻泡影，Vanity，vanity，all is vanity[①]，行将自杀以谢君”。当然也不至于 sophisticated[②] 得喝香槟酒，搂舞女以消忧。

但我这奇怪的我会无聊得狂吃东西，以至于生了胃病，是或有可能的。虽然也许现在你要咒我呕血，但真呕血之后，你一定要悔恨；同样你也决不真的希望我生胃病的是不是？太阳、月亮、火炉、钢笔、牛津简明字典，一起为我证明我对于你的忠心永无变更，不胜诚惶诚恐之至，臣稽首。

注：① 此句英文意思是“空虚、空虚、一切都是空虚”。

② sophisticated：老于世故的。

卷九

把心的每一个角落给你看

愿上帝祝福你的灵魂
永远是一朵不谢的美丽的花！
我能想着你，
梦着你，
神魂依恋着你，
我是幸福的。

你看我灵魂不曾有一天离开过你

好：

谢谢你给我一个等待。做人最好常在等待中，须是一个辽远的期望，不给你到达最后的终点，但一天比一天更接近这目标，永远是渴望，不实现也不摧毁，每天发现新的欢喜，是鼓舞而不是完全的满足。顶好是一切希望完全化为事实，在生命终了前的一秒钟中。

我仍是幸福的，我永远是幸福的。世间的苦不算甚么，你看我灵魂不曾有一天离开过你。

祝福你！

朱　十五下午

来信与诗，都使我快活

宋：

才板着脸孔带着冲动写给你一封信，读了轻松的来书，又使我的心弛放了下来。叫他们拿给你看的那信已经看到？有些可笑吧，还是生气？实在是，近来心里很受到些气闷，比如说有人以为我不应该爱你之类；而两个多月来离群索居的生活，使我脱离了一向沉迷着的感伤的情绪的氛围，有着静味一切的机会，也确使我渐对过去的梦发生厌弃，而有努力做人的意思。

我真希望你是个男孩子，就这一年匆匆的相聚，彼此也真太拘束得苦。其实别说你是那么干净那么真纯，就是一些人的冷眼，也会把我更有力地拉近了你的。我没有和平常人那样只闹一回恋情的把戏，过后便撒手了的意思。我只希望把你当作自己弟弟一样亲爱。论年岁我不比你大甚么，忧患比你经过多，人生的经验则不见比你丰富甚么，但就自己所有的学问，几年来冷静的观察与思索，以及早入世诸点上，也许确能做一个对你有一点益处的朋友，不只是一个温柔的好男子而已。

对于你，我希望你能锻炼自己，成为一个坚强的人，不要甘心做一个女人（你不会甘心于平凡，这是我相信的），总得从重重的桎梏里把自己的心灵解放出来，时时有毁灭破旧的一切的勇气（如其有一天你觉得我对于你已太无用处，尽可以一脚踢开我，我不会怨你半分），耐得了苦，受得住人家的讥笑与轻蔑，不要有什么小姐式的感伤，只时时向未来睁开你的慧眼，也不用担心什么恐惧什么，只努力使自己身体感情各方面都坚强起来，我将永远是你的可以信托的好朋友，信得过我吗？

也许真会有那么海阔天空的一天，我们大家都梦想着的一天！我们不都是自由的渴慕者吗？

现在的你，确实是太使我欢喜的，你是我心里顶溺爱的人。但如其有那么一天我看见你，脸孔那么黑黑的，头发那么短短的，臂膀不像现在那么瘦小得不盈一握，而是坚实而有力的，走起路来，胸膛挺挺的，眼睛明明的发光，说话也沉着了，一个纯粹自由国土里的国民（你相信我不会爱一个“古典美人”？虽然我从前曾把林黛玉作为我的理想过），那时我真要抱着你快活得流泪了。也许那时我到底是一个弱者，那时我一定不敢见你，但我会躲在路旁看着你，而心里想，从前我曾爱过这个人……这安慰也尽可以带着我到坟墓里去而安心了。这样的梦想，也许是太美丽了，但你能接受我的意思吗？

为了你，我也有走向光明的热望，世界不会于我太寂寞。

来信与诗，都使我快活。每回你信来，往往怀着感激的心情，不只是欢喜而已。诗以较高的标准批评起来，当然不算顶好，以你的旧诗的学力而言，是很可以满意的了。第一首嫣嫣两字平仄略不顺，不大要紧，第二句固是好句子，但蹈袭我的句子太甚，把“犹袭”二字改为“空扑”吧。三四句平顺无疵。总观四句，略欠呼应，天上人间句略嫩，听之。此诗改为：

霞落遥山黯淡烟，残香空扑采莲船，

晚凉新月人归去，天上人间未许圆。

（两人字重复，因此读上去觉不顺口。倘把“人归去”的“人”改为“郎”字，却是一首轻倩的民歌。也许你会嫌太佻，但末句本不庄，故前面的人字不能改君字。）新月映带未许圆，使天上两字不落空。

第二首全体妥。“糜”字用得新，也许你用时是无意的？

第三首第二句“微波”“漪涟”重复，“漪”字平仄不对；

第四句“万般往事”俗，改为“年年心事”即佳。全首改为：

无端明月又重圆，波面流晶漾细涟。
如此溪山浑若梦，年年心事逐轻烟。

三首诗情调轻灵得很，虽然还少新意，不愧是我的高足，我该自傲不是？

前次绝句二十首之后，又做了十一首，没有给你看。前几首较好：

春水桥头细柳魂，绿芜园内鹧鸪痕，
蜀葵花落黄蜂静，燕子楼深白日昏。
倚剑朗吟毵字栏，晚禽红树女萝残，
何当跃马横戈去，易水萧萧芦荻寒。
半臂晕红侧笑嫣，绿漪时掀采莲船，
莲魂侬魂花侬色，蛙唱满湖莲叶圆。
迟雪冲寒鹤羽毵，偶尔解渴落茅庵，
红梅白梅相对冷，小尼洗砚蹲寒潭。

略有宋诗调子，第三、四两首都故作拗句。又第九首：

秋花销瘦春花肥，一样风烟雨露霏，
萧郎吟断数根须，懊恼花前白袷衣。

第十一首：

燕子轻狂蝴蝶憨，满园花舞一天蓝，
仙人年幼翅如玉，笑激银铃酡脸酣。

则是我诗里特有的童话似的情调。

天凉气静，愿安心读书，好好保重。

朱朱　廿三夜

秋兴杂诗七首，本没有给人看的意思，但张荃[①]既有信给我，也不妨抄下来并给伊一读，我没有另外给伊写信的心向。

注：① 张荃：之江大学国文系同学，诗人，比朱生豪低一级。

巴不得把心的每一个角落给你看[1]

清如：

今天心里有点飘飘然。原因是：一，昨天头痛一天，今天好了；二，天很暖；三，今天星期，还要工作，虽不开心，然而机器不响，心很静，比在家或走在马路上好一些；四，已定规来杭州看你。

后天回家去，十六从嘉兴搭快车一点廿分到闸口，你能来接我最快活。十七星期六，十八星期，你得陪我玩，不，领我玩。多少高兴，想着终于能看见你，顶好的好人！当我上次得到你的信，一眼看见不许哭三字，眼泪就禁不住滚下来了，我多爱你！

心里的意思，怎样也诉说不完，也诉说不出，因此而想起音乐是最进化的语言：一切“散文的”语言文字是第一级，诗是第二级，音乐是最高级，完全依凭感觉，脱离意象而独立了。凡越朦胧则越真切。我梦想一个音乐的天国，里面的人全忘了讲话与写字。这是野话。我知道你顶明白我，但还巴不得把心的每一个角落给你看才痛快。我为莫可奈何而心痛，欲抱着你哭。

愿上帝祝福你的灵魂永远是一朵不谢的美丽的花！我能想着你，梦着你，神魂依恋着你，我是幸福的。

注：① 此信写于 1934 年 2 月 11 日。

请多多的望我几眼吧

Drink to Me Only with Thine Eyes[①]

今日融合无间的灵魂

也许明日便会被高山阻隔

红叶上的盟言是会消退了的

过去的好梦是会变成零星的残忆了的

自夸多情的男女

明天便要姗笑自己的痴愚了

饮了这一杯酒朋友

趁我们还未成为路人

请多多的望我几眼吧

树头的叶夏天是那么青青的

一遇秋风便枯黄了摇落了

当生命已丧失它的盛年

宝贵的爱情也会变成不足珍惜

自夸多情的男女

明天便要姗笑自己的痴愚了

饮了这一杯酒朋友

趁我们还未成为路人

请多多的望我几眼吧

等到我们彼此厌倦之后

别离也许是不复难堪的了

然而等我们梦醒的时候

我们自己的生命也不复是可恋的了

相思是不会带到坟墓里去的

一切总有了结的一天

饮了这一杯酒朋友

为了纪念我们的今天

请多多的望我几眼吧

注：① 英文标题意思是“就用你的眼睛为我干杯吧”。出自文艺复兴时期英国著名剧作家、诗人本 · 琼生的手笔。

把我的灵魂封在信封内寄给你[1]

宋：

离放工还有半小时。星期三欠四页，星期四欠一页，今天做了十五页，一起拼命赶完了。只想给你写信，好像要把我的心我的脑子一起倒出掏空才痛快的样子，你厌不厌烦，笑不笑我呢？要是我能把我的灵魂封在信封内寄给你，交给你保管着(你爱顾他也好，冷丢[2]他也好)，那么让我这失去灵魂的形骸天天做着机械的工作，也不会感到任何难过了。我深觉得，我们的灵魂比形骸更要累赘烦重，否则它早已飞到天上去了。

昨夜做了个梦，可是再也记不起做些什么。要是我今夜坐了汽车来看你，你欢迎不欢迎我呢？横竖我已认识了路，我会悄悄地摸到你睡着的地方的。我希望你正酣睡着不看见我，我会静静地看守着你的睡眠，替你驱除恶梦，到了天将明，你未醒之时，我便轻轻地吻一下你的手，自个儿寂寞地回来。

像得了心爱的宝贝一样，这才接到了你的信。我愿意永远做你的孩子，要是你肯做我的母亲的话。今晚我已心安了，我许给我自己一个甜蜜的睡眠。

如果你母亲高兴见我，你为什么不留我多住一天呢？我回来之后，陆师母说我为什么这么要紧就回来，因为明天有假放。不过即使你留我，我也不想多住，因为衣服什么都没带来。

寻来寻去总寻不见你八月上半月给我的两封信，心里怪那个，你骂不骂我又丢了呢？如果要骂的话，请补写两封来，我一定好好藏着，再不丢了。你有些信写得实在有趣，使我越看越爱。要是你怪我不该爱你，那么使我爱你的实在是你自己，一切我不知道，你应该负全责。要是我为你而情死了，你当然也应该抵命的。

五块钱，给陆师母借去了，她也要向我借钱，可见紧缩之一斑。这星期底没得钱用，星期一发薪不知是否仍打折扣。但只要肚皮不饿（只是有得饭吃的意思，因为饿此刻就在饿），有得房子住，你待我好，什么都不在乎。我是个乐天者，我不高兴为物质问题发愁。

你想不出此刻我是多少快乐，快乐得想哭。谁比我更幸福呢？比起你来，我也是要幸福得多，因为我的朋友是一个天使，而你的朋友只是一个傻小子。

卅　下午

注：① 此信写于 1935 年 8 月 30 日。原件上宋清如注：1935 年 8 月。

② 冷丢：上海方言，意思是“弃置、不闻不问”。

我很渴望着做一个幸福的梦

我对于一切的意见，都脱不了幼稚两个字，想起来要脸孔红。

世上最傻不过的人就是母亲（这又是一个意见），要是我做女人生了一个儿子（或女儿），我一定不高兴爱他。

天晴使人不快活，因为又要烦闷。

你如肯做我干女儿，我一定把你掌上珠样看待，肯不肯呢？

今天早上跑出来，看见厂屋顶下半旗，想了一想，才知道今天是九一八。其实这种仪式也不过空感慨一下，毫无用处。

活着无趣味，一点点使自己满足的事都没有，而就此死了，又不能甘心。

想来想去只觉得你比我更可怜。

我每星期中星期日除外，总有两天很兴奋，两天很安静，其余两天，则怨天尤人。出太阳的日子心里常气闷，落雨天有时很难过，刮风则最快活。

我想我唯一要训练自己的，便是“如果世上没有你这样一个人，怎样我也能活下去”的方法，因为不然的话，我只好每天躺在床上流着泪想你，再不用想做事情了。

我很渴想着做一个幸福的梦，一个和你在一块儿亲爱地生活着的梦，然而无论在现实生活中或想像里，都不曾有过这种经验，因此我再没有得到这样一个梦的希望。

四年前的昨天，我送一个朋友回苏州去，四年前的前天，我们在满觉陇，但没有桂花，正如四年后的你一样起了落寞之感。四年前的明天午后①，王守伟在都克堂大声疾呼，痛哭陈词，现在，不知他在活动些什么滑稽玩意儿。四年前，世界上还不曾有你，也可以说，还不曾有我。

注：① 指1931年“九一八”事变发生的次日，之江大学爱国师生举行抗日救国集会。此后成立的抗日救国会由朱生豪同级同学王守伟任主席，朱生豪任文书股长。

活在你的灵魂里，直至你死去

昨天，在附近的影戏院里看卓别林，觉得他大是一位诗人。米老鼠的卡通，颇有趣。

今天过得十分冤枉，我以为会得到你的信的，上午还是很高兴。

我想像有那么一天，清如，我们将遇到命定的更远更久长更无希望的离别，甚至于在还不曾见到最后的一面，说一声最后的珍重之前，你就走了，到不曾告诉我知道的一个地方去。你在外面得到新奇和幸福，我则在无变化的环境里维持一个碌碌无奇的地位。那时我相信我已成为一个基督教徒（因我不愿做和尚），度着清净的严肃的虔敬的清教徒的独身生活，不求露头角于世上，一切的朋友，也都已疏远了。

终于有一天你厌倦归来，在欢迎你的人群里，有一个你几乎已不认识了的苍癯的面貌，眼睛，本来是干枯的，现在则发着欢喜的泪光，带着充满感情的沉默前来握你的手。你起始有些愕然，随即认识了我，我已因过度的欢喜而昏晕了。也许你那时已因人生的不可免而结了婚，有了孩子，但这些全无关系，当我醒来的时候，是有你在我的旁边。我告诉你，这许多年我用生活的虔敬崇拜你，一切的苦难，已因瞬间的愉快而消失了，我已看见你像从梦中醒来。于是我死去，于你眷旧的恋念和一个最后最大的灵魂安静的祝福里。我将从此继续生活着，在你的灵魂里，直至你也死去，那时我已没有再要求生存的理由了。一个可笑罗曼斯的构想吗？

祝福！

朱　廿二下午

我知道我所凝望着的只是你

挚爱的朋友：

我已写坏了好几张纸了，越是想写，越是不知写什么话好。让我们不要胡思乱想，好好地活着吧。在我的心目中，你永远是那样可爱的，这已然是一个牢不可拔的成见了。无论怎样远隔着，我的心永远跟你在一起，如果没有你，生命对于我将是不可堪的。

我知道寂寞是深植在我们的根性里，然而如果我的生命已因你而蒙到了祝福的话，我希望你也不要想像你是寂寞的，因为我热望在你的心中占到一个最宝贵的位置。我不愿意有一天我们彼此都只化成了一个记忆，因为记忆无论如何美妙，总是已经过去已经疏远了的。你也许会不相信，我常常想像你是多么美好多么可爱，但实际见了你面的时候，你更比我的想像美好得多可爱得多。你不能说我这是说谎，因为如果不然的话，我满可以仅仅想忆你自足，而不必那样渴望着要看见你了。

我很欢喜，“不记得凝望些什么，一天继续着一天”两句话，说得太寂寞了。但我知道我所凝望着的只是你。

祝好。

朱　十日夜

你的心里才是我唯一的灵魂的家

青子：

我觉得我已好久不曾给你写信了。在我看来，昨天和十年之前，全然是一样的事，因为它们一样属于过去。

我不知道如果我们一旦失了接触时，我们会不会和旁人一样疏远冷漠起来，不知道有时你会不会再想到我，也许那时我的印像全然是可笑的也说不定。你以不以为我很有点自私，如果我想永远占有你的友情？因为我不愿意失去你，因为我不愿意失去我自己。说不定也许真有一天我会不欢喜你，当我迷失了自己的时候，那时我希望你肯用一点努力把我拉回来，如果我不曾离开你太远。因为离开了你，我不会有幸福和平安的，你的心里才是我唯一的灵魂的家。这要求确实是过分，你肯不肯允许我？你知道“我不欢喜你”这一件事对于你实际上是毫无损害的，因为你本不曾要我欢喜你，但对于我却有重大的关系，它的意义是一切的绝望苦恼和永久的彷徨。我知道即使我不欢喜你，我不能使我不爱你，因为欢喜不欢喜是心绪的转移，而真的爱，永久是生着根的，因此要是我不欢喜你了，我的灵魂将失去了和谐。

你的信在这时候到。I am veree veree happee [①]。

贼来你叫不叫起来？你叫起来很好听。很奇怪昨夜我坐在椅子上瞎想（昨夜有人来，去了之后，觉得一个黄昏已经扰去了，索性出去看末一场的《亨利第八》，回来已过十一点钟，又坐了两个钟头才睡），我想像你还是睡在那个小房间里，忽然一个贼进来，于是你叫了起来……

四绝句的第一首第一句“凌云志气竟千秋”似乎有些不称，不要管它；“化得流萤千万只”，“只”字还是改普通一点的“点”字吧，你知道郑天然爱用“只”字，但我不喜欢。你的意思是不是说万斛愁都化为照在陌横头的流萤？第二首较好。第三首略俚俗一点，但实际上“今日黄泥复白骨，当年同是上坟人”两句还是这四首中最真切感人的句子，我想可以加圈的。“廿载尘缘孰附身”好像不通，我也不甚懂，最好改过，“孰为亲”也不行。第四首可以不要，“夜月不知人事改”二句蹈袭太甚。拟咏怀诗毫无意义。阮嗣宗的诗骚忧沉郁，我极喜欢，你能多读读他也好，在不快活的时候。

我希望我在现在就死，趁你还做得出诗的时候，我要你做诗吊我，当然你不许请别人改的。

我非常之欢喜你，愿你好！

红儿　星期三

注：① 该句英文意思是“我非常非常快乐”，其中“非常”(veree)和“快乐”(happee)两词都故意用了不规范的拼法，第二个音节要特别念长音。

我愿和你卜邻而居，共度衰倦之暮年

清如：

一辆黄包车载了我回来，敲开了门，向陆师母招呼了一声，便飞奔上楼，放下伞，摔下套鞋，脱下贼腔的帽子，披上青布罩衫，觉得比较像一个人些，肚子里也开始觉得有些饿了，出去吃了六个馒头，回来出了一回神，倒头便睡，心酸而哭。睡到七点钟起来，马马虎虎吃了碗饭，想昏天黑地地睡下去，觉得心事未了的样子，便写信。

想着自己的一付贼腔，真又好气又好笑，你真没有理由要和我要好。你气色很好，我很快活，我总觉得你很美很美。你和我前夜梦中所见的很像，我看了看你的照片（照相馆里拍的那张），心里有点气，人工的修饰把气韵都丧失了，简直不像你。下回如赴照相馆拍照，我劝你拍一张侧面像试试，全侧面的。

此行使我充满了幸福感，你不要想像我又起了惆怅，即使是惆怅，也是人生稀有的福分，我将永远割舍不了你。近着你会使我惝恍，因此我愿常远远地忆你。如果我们能获得长寿，等我们年老的时候，我愿和你卜邻而居，共度衰倦之暮年，此生之愿足矣！

回家安好且快乐？不要多想起我！祝福。

朱　十六夜

如果你能明白你对我的意义

宋：

干么[1]你要问我会不会追悔这次的无聊？你告诉我要怎样才算不无聊。如果你能想到我每天过着这种无聊的生活，如果你能想到我多么想望着逃避，即使是至短的暂时也好，你就不会这样说了。我知道这对你是无聊，我也知道每次你来看我或允许我来看你，都只是因为你顾念我，不忍令我不快的缘故，但你如明白你对于我的意义远甚于我对于你的意义，那么你就不会以你的观点来评衡我的观点了，虽然这也许是我们唯一不同之处。

我不愿说我的“瘦了”是因为思念你的那种可笑的蠢话，但你知道我没有可以变胖的理由，除了接读你的来信之外，没有什么可以真使我高兴的事，也许换一下环境会对我有益，但我并不相信，世界到处都是一样，既瞻望不见向前的路，也没有可以归向的地方，我总想不出我们活着是为什么。但下回你看见我时，我允许你不给你以“更瘦了”的印象，倘使你肯不因为“无聊”而不愿让我见你的话。

关于结婚的意见你知道我是完全和你同意的，想来你也不会对我有什么误会。过了三十四十以后，也许我会随随便便地结一次婚，但那时我一定把自己认为已经完全死去，而且那时我们也一定不复是朋友了。我不希望有那一天，因为我还想照着我的理想活下去。无论如何，我现在还算是过着幸福的日子，因为我还享有着你的友情，我不敢往以后想，也不愿我们的关系会发生任何种的变化，结婚是件太不自然的事，至少我相信我是不能使你幸福的。

如果你说你明白我，完全了解我，我将十分感激你，比之你我没有更亲爱的人可以诉说这一切。

话说得完，但意思是诉说不尽的，虔诚的祝福！

朱　十九夜

注：① 干么：山东方言，意思为“干什么”。

我愿把我的灵魂浸入你的灵魂里

好友：

我不知道今天是年初五还是一二八[①]。唯一想得出可以说的话便是今天天气很好。

无论说什么话，总觉得很可笑，无非是一些可耻而无味的废话，然而也只有借这个方法，才能打破时间空间拦在我们中间的阻隔，要是想得出一个更好的方法，可以使我们永远在一起，又永远不在一起，那就好了，因为如果单是永远在一起，便尝不到相思的美味了。

我愿把我的灵魂浸入你的灵魂里。你在我脑中的印象一天比一天美好。我说不出话来。

朱

注：① 1936 年 1 月 28 日是农历正月初五。

自杀无趣，我宁愿被你杀死快乐得多

姊姊：

不要厌世好不好？有什么委屈告诉我。如果想要哭就哭好了，如果哭不出来，也就不用想。自杀没趣味，我宁愿被你杀死快乐得多。

我希望天下雨，当然这并不是希望你去不成宜兴，我愿意你享受着好晴天。在这里，让一年到头淋着雨吧，因为更适于我的心境，好天气是更令人心烦的。

师母越来越肉麻了，老是管着儿子女儿叫宝贝心肝肉肉。

我真想你想得哭出来，愿你好，快乐！

你去旅行的时候，请随身携带我的灵魂[1]

好姊姊：

今天中午回来，妹妹带着随随便便的神气对我说，“你房间里有一封信”，一跳跳到楼上，信并没有，虽然知道受了骗，可是也许被风吹在地上，也许被放在书底下枕头底下抽屉里，仍然作万一之想地空寻了一番，好像你并不是昨天才有信给我的。

说不出来的闷，空虚，灵魂饿得厉害。鬼知道这种罪几时才能受满。

我们廿九、三十两天不作工，廿九是星期例假，三十补革命纪念日假（或者说廿九是革命纪念日，三十补星期例假均可），虽承公司方面的好意，实在也并不十分欢迎，一切事情天晓得！

我把我的灵魂封在这封信里，你去旅行的时候，请把它随身带在口袋里，挈带它同去玩玩，但不许把它失落在路上。

幸亏世上还有一个你。我弱得厉害，你不要鄙夷我。

所有的祝福！

饿鬼

写于没有东西吃的夜里　廿六

注：① 此信原件上宋清如注：1936 年 3 月。经查证，1936 年 3 月 29 日是星期日。

这世上，我只听你的话

清如：

从前我觉得我比你寂寞，现在我觉得你比我更寂寞得多。我很为我们自己忧虑。

今天下午我试译了两页莎士比亚，还算顺利，不过恐怕终于不过是 poor stuff[①] 而已。当然预备全部用散文译出，否则将要了我的命。

你天津的事情有没有成功？我觉得教书不甚合你的个性。但也许世上还没有发明出一种为我们所乐就的职业。

不知道我有没有告诉过你？我的大表姐有四个儿子，二个女儿，第四个的男孩子是个心地忠厚，但在兄弟行中是最不聪明的一个，今年也怕有十三四岁了。一次被他的最小的妹妹欺负到哭起来，也没有人帮他。我因为是他的“老朋友”，便挈着他到近郊走走安慰安慰他。他一路拭眼泪，一路向我说做人的无趣，谁都不待他好，他说他不高兴读书（因为总是留级），学商也没有趣味，顶好是穿了短衣，赤了脚，做个看牛孩子，整天在田野里游荡，“多么写意！”这些话要是给他母亲听见了，准要说他没出息，一顿骂，但我觉得一点都不错。

我想不出再要向你说些什么话，我也想不出你有些什么话好对我说，但你无论向我说什么无聊的话，我都一样乐意听的，而且你也不要以为我不肯听你话，因为在世上你是我唯一肯听话的人，不是我现在不再每天给你写信了？因为你不喜欢太多的信。虽然我巴不得一天到晚写信给你，即使单是握着笔，望着白纸，一个字写不出，这么从天亮呆坐到天黑也好，因为这样我可以不想到别的一切，只想着你，只有在想着你的时候我才会感到幸福不曾离弃我。我希望有一天我们将永远在一起，不再分离，即使是在很老很老的时候也好，甚或在死后也好，如果人死后灵魂尚存在的话，不知道这是不是奢望。

一切的祝福！

我欢喜你给我取一个名字，你曾许过我。

你的兄弟　廿一

注：① poor stuff：劣质品。

在梦想中再作寂寞之孤游

清如：

真的我忘了问你，为着多说闲话的缘故，你生的那东西完全消退了没有？

居然还有人约我游虞山去，即使有这兴致，你想我会不会去？除非去跳崖（那倒是一个理想，不让什么人知道，也不让你知道，等你回到家乡的时候，你想不到我的幽魂就在离你咫尺之间），否则倘你不在常熟，我怎么也不会到那里去的，虽然即使你在家，我还会不会再来也成为问题，即使我愿意来，你敢不敢劳驾我当然更成为问题。总之我和虞山的缘分，正像和你的一样悭，将来也只有在梦想中再作寂寞之孤游而已。

肯不肯仍旧称我为朋友？你的冷酷的语调给了我太凄惨的恶梦，我宁愿你咒我吐血。虽然蒙你说过你爱朱朱的话，我是不愿把你一时激动的话当作真实的，只要你不怕我，像怕一切人一样，我就满足了。

嫌不嫌我絮渎？

愿你无限好。

我找到了你，便像是找到了我真的自己

心爱：

昨夜梦你又来了，而且你哭。你为什么哭呢？是不是因为我们的交好使你感觉不幸？是不是因为我太不好？还是不为什么？

你是太好了，没有人该受到我更深的感激。开始我觉得你有些不够我的理想，你太瘦小了，我的理想是应该颀长的；你太温柔婉约了，我的理想是应该豪放浪漫的。但不久你便把我的理想击为粉碎，现实的你是比我的空虚的理想美得多可爱得多。在你深沉而谦卑的目光下，我更乐意成为你的臣仆，较之在一切骄傲而浮华的俗艳之前。我明白我们在这世上应该找寻的是自己，不是自己以外的人，因为只有自己才能明白自己，谅解自己，我找到了你，便像是找到了我真的自己。如果没有你，即使我爱了一百个人，或有一百个人爱我，我的灵魂也仍将永远彷徨着，因为只有你才是属于我的 type[①]，你是 unique[②] 的。我将永远永远多么的多么的欢喜你。

梦中得过四句诗，两句再也记不起来，那两句是“剧怜星月凄凄色，又照纤纤行步声”，很像我早期所作的鬼诗。

《孟加拉枪骑兵传》已在大光明卖了一星期满座，尚在继续演映中；《罪与罚》则如一般只供高级鉴赏者观看的影片一样，昨天已经悄悄地映完了，只有报纸的批评上瞎称赞了一阵，为着原作者和导演人冯史登堡的两尊偶像的缘故。在我看来，它还不能达到理想的地步，虽仍不失为本季中最值得注意的一个作品。除了演员的表演而外，你有没有注意到本片构图和摄影的匠心？

再谈，祝你好。伤风有没有好？作不作夜工？珍摄千万！

九日

注：① type：类型。

② unique：独一无二。

日日夜夜盼你来[①]

亲爱的朋友：

心头像刀割一样痛苦，十八天了，她还是没有来。

我知道我太不配接受她的伟大而又纯真的爱，因此所享受的每一份幸福，必须付出十倍于此的痛苦做代价，因此我便忍受着这样的酷刑。

她是个太善良的人，她对谁都那么顾恤体贴；她也是个太老实的人，她说的话都没有半分虚伪。她不会有意虐待我，或对我失信。可是她是个孝顺不过的女儿，在她母亲强有力的意志下，我的脆弱的感情，只好置之不顾了。我能怨她吗？不，我因此而更爱她。

亲爱的朋友，恕我把你和她做一个比较，你是我所认识的人中最可爱最完美的一人，可是她的美丽她的可爱，永远是发掘不尽的宝藏。你只是她过去生命中的一部分，是她美丽的灵魂投射在我心镜上的一个影子，因为我的感受力非常脆弱，不能摄取她的美丽灵魂的全部，然而我所能摄取的却已经深深地锁在我的记忆里，没有什么力量可以把它夺去。

迷迷糊糊地睡了一觉，醒来就盼望天明，不料邻家的钟才敲上一点，这时间怎样挨过去。起来点了火，披上衣裳，坐在被窝里，写上几行，反正你也不在这里。她们也不在这里，一个人由得我发疯。

明天大概不会下雨了，历本上说是好日子。你没有理由再不回来。要是你再不来，那我必须在盼望你的焦虑上，对你的平安忧虑了。最亲爱的人，赶快回来吧！大慈大悲的岳母大人，请你体恤体恤一个在热恋中的孩子的心，不要留着她不放吧！她多住三天两天，在你是不知不觉中很快过去了，可是她迟回来一天，这一天对我是多么漫长的时间啊！

但愿你平安着！

听见邻人家孩子呼唤母亲的声音，就勾起我失母的悲哀。二十年了，她的慈爱的音容，还是那么深刻在我的心上。我不愿把一般形容母亲的慈祥二字放在她的身上，因为她到死都只是一个□□的好心情的孩子。你是一个有母亲的人，你一定不会想到一个早年失母的人，是怎样比人家格外希望有一个亲切的人永远在他的身边。

今天濂姐[②]回来，给她的母亲放衣服，我见了她，忍不住要哭……

今年的春天，我们婚后第一年的春天，是这样成为残缺了，我为了思念你而憔悴。

梅花在你去了以后怒放，连日来的风雨，已经使她消瘦了大半，她还在苦苦地打叠起精神，挨受这风朝雨夕，等待着你的归来。

昨夜一夜天在听着雨声中度过，要是我们两人一同在雨声里做梦，那境界是如何不同，或者一同在雨声里失眠，那也是何等有味。可是这雨好像永远下不住似的，夜也好像永远过不完似的，一滴一滴掉在我的灵魂上，无边的黑暗、绝望，侵蚀着我，我□□着做噩梦。

要是这雨再阻延了你的归期，我真不知道我怎样还有勇气支持下去。每一天是一个无期徒刑，挨到天黑上了床，就好像囚犯盼到了使他脱罪的死亡，可是他还不知道他的灵魂将会上天堂或下地狱。要是做梦和你在一起，那么我的无恨的灵魂便是翱翔在天堂里，要是在噩梦或失眠中度过，那就是在地狱里沉沦。天堂的梦是容易醒的，地狱的苦趣却漫漫无尽，就是这一夜天便等于一个永劫。好容易等到天亮了，又开始了一个新的无期徒刑。

我不愿向上帝祷告，因为他是从来不听人的话的，我只向你妈祷告。好妈妈，天晴了赶快放她走吧！

天气是那样捉摸不定，又刮起风来。要是你今天来了多好。一定是你妈出行要拣好日子，明天下了雨怎么办？我一定经受不住第二次的失望，即使那只仅是一天的距离。今夜是无论如何不能入睡的了。

明天，明天，明天，明天该是这半月来最长的一天，要是你不来，那一切都完了。

二十日

昨晚听了一夜的雨声，今天起来眼看着天色如此阴沉，心里充满了难言的悲哀。于是讨厌的雨又下起来了。下午抱着万一的希望，撑了伞走到烂泥的马路上，到车站去候你，结果扑了个空，回来简直路都走不动了，眼前只是昏沉沉的一片。今天他们都吃喜酒去了，剩下我一个人，中饭吃了半碗冷粥、□碗□□，晚饭吃了一碗冷开水淘冷饭，独身生活也过了这么许多年了，从来没有像现在这样凄凉过。

大概你夜车是不会来的，即使来我也再没有勇气到车站来接你。明天也许会晴了，我希望你的不来只是为了天气的理由。

亲亲，在我们今后的生活里，是不是要继续重复着这样难堪的离别呢？想起来真太惨人！为什么我们不能每时每刻都在一起呢？

二十一日

又下雨了，这雨大概是永远下不完的，你也永远不会再回来了。

睡着了梦里也是雨声，醒来耳边也是雨声，我的心快要在雨声中溺死了。我没有再希望的勇气，随便天几时晴吧，随便你几时来吧，我都不盼望了，让绝望做我的伴侣。昨晚写了一封快信想寄出，可是想不出它有什么目的，还是不要寄，让你想象我是乖乖地，不要让我这 Intruder [3] 破坏了你的天伦之乐吧。

我一点不怪你，我只是思念你，爱你，因为不见你而痛苦。今天零点多钟便起来望天色，写了这几句话。我一点不乖，希望你回来骂我，受你的打骂，也胜于受别人的抚爱。要是我们现在还不曾结婚，我一定自己也不会知道我爱你是多么的深。

虽然明知你今天不会来，仍然到车站望了一次。雨停了，地上收干了，鹁鸪也不叫了，空气中冷得厉害，明天你总不要再使我失望了吧？

只要仍然能够看见你，无论挨受怎样的痛苦都是值得的，可是我不能不为我们浪费的年华而悲惜。我们的最初二十年是在不知道彼此存在中过去的。一年的同学，也只是难得在一处玩玩，噩梦似的十年，完全给无情的离别占夺了去。大半段的生命已经这样完结了，怎么还禁得起零星的磨蚀呢？

梅花已经零落得不成样子了，你怎样对得起她呢？

今天以愉快的期待开始，好鸟的语声催我起来，阳光从东方的天空透出，希望能有一个 happy ending[④]，结束这十多天来的悲哀。忙着把久未收拾的房间清理了一个早晨，现在还没有吃过早餐（昨天早上陆弟拿进一碗白米粥来，我吃了两顿，晚饭吃了一只粽子），坐下来写这几行。抬头望着窗外，我真不忍望那憔悴的梅花，可是院南的桃柳欣欣向荣，白云是那么悠悠地飘着，小鸟的鸣声依然好像怪寂寞的，要是这空气里再有了你的笑语□□，那么春天真的是复活了。相信我，这许多天来我不曾对你有丝毫抱怨，可是今天你再不来，我可不能原谅你了。

想不到今天又是这样过去，我希望明天还是下雨吧，因为晴天只是对我的一个嘲笑。

第三次从车站拖着沉重的脚步归来，头痛，腰酸，身上冷得厉害，我的精神已经在这几天完全垮了。

为什么？为什么？为什么？

二十三日　下午

注：① 这是朱生豪在 1943 年春写给宋清如的一封未曾发出的信，也是朱生豪写给宋清如的现存的最后一封信。这年春节前，宋清如回常熟娘家住了 20 多天，这是他们婚后时间最长，也是最后一次离别。朱生豪在家度日如年地等待着，每天展开纸笔，抒写对宋清如的思念之情，每天写一点，直到宋清如回来。这封信虽然最终没有寄出，但却生动地记写了朱生豪对于宋清如真挚动人的爱情。因为原信蛀蚀比较严重，有一些字已经无法分辨了。此信第一页（双面）缺失。

② 濂姐，指朱生豪的表姐曹思濂。

③ Intruder：闯入者。

④ happy ending：愉快的结局。